De beste
Vegetarische
recepten

In deze serie verschenen reeds:

De beste Indonesische recepten
De beste Surinaamse recepten
De beste Chinese recepten
De beste Thaise recepten
De beste Italiaanse recepten
Het beste Wadjan/Wok kookboek
De beste Oven gerechten
De beste Magnetron recepten
De beste Vegetarische recepten
De beste Basis recepten
De beste Mexicaanse recepten
De beste Roerbak recepten

Nieuwe delen in voorbereiding.

De beste Vegetarische recepten

Fokkelien Dijkstra

Uitgeverij Verba

Omslagdia: Carel Verduin Fotostudio BV
Belettering omslag: Yolanda Schuuring
Illustraties: Will Berg
© Copyright voor deze uitgave: Verba b.v., Hoevelaken
Distributie: RuitenbergBoek, Soest
NUGI 421
ISBN 90 72540 81 6

Inhoud

Inleiding

Misschien heeft u dit receptenboek aangeschaft omdat u al geruime tijd volmaakt gelukkig 'vleesloos' door het leven gaat en graag uw receptenarsenaal wilt uitbreiden. Het is ook mogelijk dat u zich wel eens een beeld wilt vormen van wat de vegetarische keuken zoal te bieden heeft. In dat laatste geval zult u bij het doorbladeren in ieder geval één ding kunnen constateren: vegetarisch koken betekent geenszins afzien van culinaire genoegens. Ook zult u merken dat vegetarisch koken niet noodzakelijkerwijs betekent dat u lang in de keuken moet staan of met speciale, moeilijk verkrijgbare ingrediënten moet werken. De gerechten in dit boek kunnen worden bereid met ingrediënten die gemakkelijk verkrijgbaar zijn. Voorop dient te staan dat de produkten vers zijn en van uitstekende kwaliteit.

U behoort naar alle waarschijnlijkheid tot een groeiende groep mensen die zichzelf en hun lichaam serieus nemen en daarom grote waarde hechten aan wat ze eten, zowel wat betreft smaak als voedingswaarde. De discussie over een uitgebalanceerde voeding dateert niet van vandaag of gisteren. Het besef groeit dat de kwaliteit en de hoeveelheid van het voedsel dat men tot zich neemt grote invloed hebben op hoe men zich voelt, de mate van energie die men heeft en de algehele conditie waarin men verkeert.

Ge- en verboden zijn in dit boek achterwege gelaten, onder het motto dat 'zondigen' zo af en toe best gezond kan zijn. In het algemeen is het raadzaam gedenatureerde en gedevitaliseerde produkten als witte bloem, witte suiker of witte rijst te vermijden en in plaats daarvan bijvoorbeeld volkoren tarwemeel, ruwe bruine suiker of honing en zilvervliesrijst te gebruiken. Of een goede plantenmargarine in plaats van roomboter. Het gebruik van te veel vet is af te raden, evenals het toepassen van voedingsmiddelen die vol zitten met chemische kleur- en smaakstoffen en conserveringsmiddelen. Ook zout dient met mate te worden gebruikt. Azijn kan in veel gevallen worden vervangen door citroensap. Als in recepten sprake is

11

van olie verdienen olijf-, zonnebloem- of maïskiemolie de voorkeur.

Voor u ligt een boek vol smakelijke recepten zonder vlees of vis, waarbij geen rekening is gehouden met de vele stromingen en richtingen die onder vegetariërs bestaan. Zo zijn bijvoorbeeld in veel recepten eieren en (melk)-produkten verwerkt. Gekozen is voor een indeling volgens de traditionele manier (soepen, voorgerechten, salades, hoofdgerechten, nagerechten). Met de recepten uit de verschillende hoofdstukken kunt u op eenvoudige wijze een complete maaltijd samenstellen (of er afzonderlijke gerechten uit kiezen).

Kook ook eens vegetarisch: een verrassende ervaring!

SOEPEN

Wortelsoep met croûtons

(4 porties)

500 g worteltjes, geschrapt en kleingesneden
2 uien, gepeld en fijngesnipperd
2 kleine tomaten, ontveld en in vieren gesneden
30 g margarine
zout en peper
3/8 l groentebouillon
100 g slagroom
4 sneetjes witbrood, in dobbelsteentjes gesneden
1/2 bosje fijngehakte peterselie

Verhit 10 g margarine en fruit daarin de ui. Voeg stukjes wortel en tomaat toe en laat deze even meebakken. Breng op smaak met zout en peper. Voeg de bouillon toe en laat de soep ca. 15 minuten zachtjes pruttelen.
Pureer de groenten. Roer de slagroom door de soep. Laat deze nog even aan de kook komen en voeg zo nodig nog wat zout en peper toe.
Verhit de rest van de margarine en bak de dobbelsteentjes brood daarin (bij matige warmte) rondom bruin. Garneer de soep met de croûtons en fijngehakte peterselie.

Aardappel-zuurkoolsoep

(4 porties)

400 g aardappels, geschild en kleingesneden
1 l groentebouillon
200 g slagroom
550 g wijnzuurkool
zout en peper
worcestershiresaus
2 eierdooiers
2 eetlepels crème fraîche
fijngeknipt bieslook
zwarte peper uit de molen

Kook de stukjes aardappel in de groentebouillon gaar. Pureer de aardappels. Voeg slagroom en wijnzuurkool toe en laat alles enkele minuten koken. Breng op smaak met zout, peper en worcestershiresaus.
Roer de eierdooiers los met wat warme soep en roer dit mengsel vervolgens door de soep. De soep niet meer laten koken.
Serveer het gerecht met crème fraîche, fijngeknipt bieslook en zwarte peper uit de molen.

Broccoli-crèmesoep

(4 porties)

400 g broccoli, verdeeld in roosjes (de stelen geschild en in plakjes gesneden)
1 grote ui, gepeld en fijngesnipperd
30 g margarine
200 g aardappels, geschild en in dobbelsteentjes gesneden
3/4 l groentebouillon
2 rode pepers, schoongemaakt en fijngesnipperd
20 g sesamzaadjes
zout
100 g crème fraîche
peper uit de molen
nootmuskaat

Verhit de margarine en fruit daarin de ui. Voeg de broccolisteeltjes en de blokjes aardappel toe en laat deze even meebakken. Voeg de groentebouillon toe en laat alles (met het deksel op de pan) in ca. 15 minuten gaar worden. Rooster de sesamzaadjes in een droge koekepan goudbruin. Laat de broccoliroosjes in water met zout in 5-8 minuten gaar worden.
Pureer de soep. Roer de crème fraîche en de pepertjes erdoor en breng het geheel nog even aan de kook. Giet de broccoliroosjes af en voeg ze toe aan de soep. Breng op smaak met zout, peper en nootmuskaat. Strooi de sesamzaadjes erover.

Preisoep met courgette

(4 porties)

3/4 l kruidenbouillon
450 g prei, schoongemaakt en kleingesneden
225 g courgette, in blokjes gesneden
1 grote wortel, geschrapt en kleingesneden
1 grote ui, gepeld en fijngesnipperd
2 laurierblaadjes
4 kruidnagels
zout en peper
fijngehakte peterselie

Steek de kruidnagels in de laurierblaadjes.
Doe alle ingrediënten (behalve zout, peper en peterselie) in
een pan, dek deze af en laat alles ca. 30 minuten zachtjes
doorkoken tot de groenten gaar zijn.
Verwijder laurierblaadjes en kruidnagels. Breng de soep
op smaak met zout en peper en strooi de peterselie erover.

Spinaziesoep met citroen

(4 porties)

1 sjalot, gepeld en fijngesnipperd
2 theelepels olie
8 1/2 dl water
500 g spinazie, schoongemaakt
3 theelepels ketjap
sap van 1/2 citroen
zout
peper uit de molen

Verhit de olie in een pan en fruit hierin de sjalot ca. 3 minuten. Voeg 6 dl water, de spinazie en de ketjap toe.
Breng het geheel al roerend aan de kook en laat de soep op een laag vuur ca. 20 minuten zachtjes koken (af en toe even roeren).
Voeg de rest van het water toe en pureer de soep.
Verwarm de soep opnieuw. Roer het citroensap erdoor en breng het geheel op smaak met zout en peper.

Champignonsoep met kruidenkaas

(4 porties)

1 kleine ui, gepeld en fijngesnipperd
250 g champignons, afgeborsteld en in plakjes gesneden
1 eetlepel margarine
1 kruidenbouillontablet
1 laurierblaadje
6 dl water
150 g roomkaas met fijne kruiden
zout
peper uit de molen

Verhit de margarine in een braadpan en fruit hierin de ui op een laag vuur ca. 1 minuut. Voeg de plakjes champignon toe en laat ze 3 minuten meebakken.

Doe water, laurierblad en bouillontablet bij het champignon-uimengsel en breng het geheel langzaam aan de kook.

Klop de roomkaas met een garde door de soep en laat alles nog ca. 3 minuten pruttelen. Breng de soep op smaak met zout en peper.

Venkel-crèmesoep

(4 porties)

*500 g venkelknol, geschild en in reepjes gesneden (wat mooi
groen bewaren)*
40 g margarine
3/4 l groentebouillon
50 g maïzena
1/8 l melk
2 eierdooiers
4 eetlepels room
zout
citroensap
1 glaasje sherry

Hak wat venkelgroen fijn en houd dat even apart.
Verhit de margarine en fruit daarin de reepjes venkelknol
goudbruin. Voeg de groentebouillon toe en breng het ge-
heel aan de kook.
Maak een papje van maïzena en melk en roer dit door de
soep. Laat de soep nu 20 minuten zachtjes koken.
Klop de eierdooiers los met de room en roer dit mengsel
door de soep. Deze mag nu niet meer koken.
Breng de soep op smaak met zout, citroensap en sherry.
Garneer met fijngehakt venkelgroen.

Linzen-tomatensoep

(4 porties)

200 g winterwortel, geschrapt en in blokjes gesneden
1 grote ui, gepeld en fijngesnipperd
250 g rode linzen
1 l groentebouillon
1 theelepel gedroogde tijm
400 g tomaten, ontveld en in kleine stukjes gesneden
fijngehakte peterselie en selderie (of andere groene tuinkruiden)
peper uit de molen
zout

Doe alle ingrediënten (behalve de tomaten en de tuinkruiden) in een pan en laat ze ca. 40 minuten zachtjes
doorkoken tot de linzen gaar zijn.
Roer de stukjes tomaat door de soep en laat het geheel nog
ca. 5 minuten zachtjes pruttelen. Pureer de soep en laat het
gerecht vervolgens nog even goed warm worden. Garneer
de soep met groene tuinkruiden.

Tomatensoep met prei

(4 porties)

2 middelgrote preien, schoongemaakt, in de lengte doorgesneden
en vervolgens kleingesneden
1 ui, gepeld en in dunne ringen gesneden
1 eetlepel olie
1 eetlepel ketjap
6 dl water
4 middelgrote tomaten, ontveld en kleingesneden
zout
zwarte peper uit de molen
bruine basterdsuiker of rietsuiker

Verhit de olie in een pan en fruit hierin prei en ui al roerend gedurende ca. 4 minuten. Voeg water en ketjap toe en breng het geheel aan de kook. Doe het deksel op de pan en laat de soep ca. 20 minuten zachtjes koken op een laag vuur.
Neem de pan van het vuur, giet de soep in een kom, doe de tomaten erbij en pureer de soep.
Breng de soep al roerend opnieuw aan de kook en laat het geheel ca. 3 minuten zachtjes doorkoken.
Breng de soep op smaak met zout, peper en suiker.

Romige spruitjes-crèmesoep

(4 porties)

400 g spruitjes, schoongemaakt en in vieren gesneden
1 ui, gepeld en fijngesnipperd
15 g margarine
6 dl groentebouillon
1/8 l slagroom
zout en peper
worcestershiresaus
ca. 2 theelepels citroensap
25 g amandelschaafsel
1 bekertje crème fraîche

Verhit de margarine in een pan en bak hierin de ui ca. 3 minuten. Voeg de spruitjes toe en laat deze 5 minuten meebakken. Roer alles af en toe om.
Schenk de bouillon erbij, breng de massa aan de kook, doe het deksel op de pan en laat de soep 25 minuten zachtjes koken.
Laat het mengsel iets afkoelen en pureer het vervolgens. Doe de puree terug in de pan. Roer de slagroom erdoor. Breng op smaak met zout, peper en enkele druppels worcestershiresaus.
Rooster de amandelen in een droge koekepan goudbruin.
Serveer de soep, gegarneerd met geroosterde amandelen.
Geef de losgeklopte crème fraîche er apart bij.

Schorsenerensoep met prei

(4 porties)

1 kg schorseneren
3 eetlepels azijn
200 g prei, in ringen gesneden
30 g margarine
1 l groentebouillon
zout en peper
3 eierdooiers
1 bosje fijngehakte peterselie

Schil de schorseneren, spoel ze af en leg ze direct daarna in water met azijn om verkleuren te voorkomen. Snijd ze in schuine plakken.
Verhit de margarine en bak schorseneren en prei daarin enkele minuten. Voeg de bouillon toe en breng het geheel op smaak met zout en peper. Laat de soep ca. 5 minuten pruttelen.
Neem de schorseneren uit de pan en pureer ze. Roer de eierdooiers door de puree en vermeng de puree met de soep. De soep nu niet meer laten koken. Garneer de soep met peterselie.

Taugé-preisoep

(4 porties)

250 g taugé
2 preien, schoongemaakt en in ringen gesneden
1 l groentebouillon
zout en peper
sojasaus
2 eieren

Was de taugé zorgvuldig. Overgiet de taugé eerst met kokend, daarna met koud water.
Breng de groentebouillon aan de kook, voeg de taugé en de
preiringen toe en laat alles 10 minuten zachtjes pruttelen.
Breng het geheel op smaak met zout, peper en sojasaus.
Klop de eieren los en roer dit mengsel langzaam door de
soep.

Champignonsoep

(4 porties)

1 ui, gepeld en in dunne ringen gesneden
1 eetlepel olie
100 g champignons, afgeborsteld en in plakjes gesneden
41/2 dl water
2 theelepels ketjap
zout
peper uit de molen

Verhit de olie en fruit de ui daarin ca. 3 minuten.
Doe gefruite ui, champignons, water en ketjap in een kom en pureer de massa ca. 2 minuten met de mixer op de hoogste stand.
Doe de massa over in een pan. Breng de soep aan de kook en laat deze al roerend op een laag vuur ca. 5 minuten zachtjes doorkoken.
Breng de soep op smaak met zout en peper.

Koude aspergesoep met bieslook

(4 porties)

1 kleine prei, in ringen gesneden
500 g asperges, geschild en in stukjes van ca. 3 cm gesneden
50 g margarine
3 aardappels, geschild en in plakjes gesneden
9 dl water
2 kruidenbouillontabletten
zout en peper
1 dl slagroom
ca. 20 sprieten fijngeknipt bieslook

Smelt in een grote pan de margarine, schep prei en
asperges erdoor, doe het deksel op de pan en laat alles ca. 8
minuten zachtjes smoren. Roer af en toe even om.
Voeg aardappels, water en bouillontabletten toe. Laat de
massa aan de kook komen. Roer de soep af en toe door
terwijl deze ca. 30 minuten zachtjes doorkookt.
Pureer de iets afgekoelde soep, waarna deze verder kan
afkoelen. Breng op smaak met zout en peper.
Verdeel de soep over vier diepe borden. Schenk de slagroom vanuit het midden van het bord in een dunne spiraal
over de soep. Garneer het gerecht met bieslook.

Koolrabisoep met champignons

(4 porties)

2 middelgrote koolrabi's, geschild en in reepjes gesneden
2 eetlepels margarine
1 middelgrote ui, gepeld en fijngesnipperd
1 kopje witte wijn
4 rijpe tomaten, ontveld en in stukjes gesneden
3/8 l groentebouillon
zeezout
witte peper uit de molen
1 theelepel paprikapoeder
1 theelepel kerriepoeder
1 theelepel oregano
200 g champignons, afgeborsteld en in plakjes gesneden
1 doosje tuinkers
50 g gevulde olijven, kleingesneden
50 g fijngehakte walnoten
1 bekertje crème fraîche

Verhit de margarine in een pan en fruit daarin de ui en de reepjes koolrabi. Voeg de wijn toe en vervolgens de tomaten en de groentebouillon.
Breng de soep aan de kook, voeg naar smaak zeezout, peper, paprika- en kerriepoeder en oregano toe, doe het deksel op de pan en laat de soep 8-10 minuten op een laag vuur koken.
Voeg de plakjes champignons toe.
Vermeng in een kommetje tuinkers, olijven en walnoten en voeg dit mengsel toe aan de soep. Laat alles nog even pruttelen. Garneer de soep met crème fraîche.

Courgette-tomatensoep

(4 porties)

4 middelgrote courgettes, gewassen en in dunne plakken gesne-
den
2 eetlepels olijfolie
2 teentjes knoflook, gepeld en uitgeperst
1 theelepel zout
1 klein rood pepertje, schoongemaakt en kleingesneden
4 tomaten, ontveld en in stukjes gesneden
1 kopje witte wijn
3/4 l groentebouillon
1/2 bosje fijngehakte peterselie
1/2 bosje fijngehakt basilicum
1/2 theelepel zout
1/4 theelepel zwarte peper uit de molen
1 kopje slagroom

Verhit de olie in een pan. Voeg de met zout vermengde
uitgeperste teentjes knoflook toe en vervolgens het rode
pepertje en de plakjes courgette. Fruit alles zo'n 2-3 minuten. Doe het deksel op de pan en laat het geheel 10 minuten
smoren.
Voeg de tomaten toe, blus het geheel met witte wijn en
schenk de bouillon erbij. Voeg de fijngehakte kruiden toe
en laat de soep nog 5 minuten pruttelen. Breng de soep op
smaak met zout en peper.
Serveer de soep met niet helemaal stijf geslagen slagroom.

IJsbergsla-crèmesoep

(2 porties)

1/4 krop ijsbergsla, schoongemaakt en in dunne reepjes gesneden
1 sjalotje, gepeld en in vieren gesneden
1 teentje knoflook, gepeld en uitgeperst
2 theelepels olie
1 eetlepel bloem
kerriepoeder
1/2 l melk
1 kruidenbouillontablet
2 eetlepels crème fraîche
2 takjes fijngehakte kervel

Verhit de olie in een pan, voeg sjalot en knoflook toe en laat deze even fruiten. Voeg de reepjes ijsbergsla toe en laat ze 5 minuten zachtjes meebakken.

Roer bloem en kerriepoeder door het slamengsel en schenk al roerend scheutje voor scheutje de melk erbij. Breng de massa aan de kook. Voeg het bouillontablet toe en laat de soep 5 minuten zachtjes koken. Pureer de soep. Doe de gepureerde soep terug in de pan en warm deze nog even door.

Schep de crème fraîche op twee borden, schep de soep erbij en garneer het gerecht met kervel.

Waterkerssoep

(4 porties)

1 grote bos waterkers, gewassen en schoongemaakt
6 dl melk
250 g aardappels, geschild en in blokjes gesneden
250 g uien, gepeld en in stukjes gesneden
2 teentjes knoflook, gepeld en uitgeperst
50 g margarine
6 dl kokend water
zout
peper uit de molen
11/2 dl koffieroom

Doe waterkers en melk in een kom en pureer ze met de mixer tot een dunne puree.
Verhit de margarine in een pan en fruit daarin aardappels, ui en knoflook ca. 3 minuten. Voeg het water toe en laat de aardappels in ca. 15 minuten gaar koken.
Breng het aardappelmengsel op smaak met zout en peper en laat het afkoelen. Pureer het aardappelmengsel tot een dikke puree.
Meng de aardappelpuree door het waterkersmengsel. Verwarm het geheel nog even vlak voor het opdienen. Roer tot slot de room erdoor.

Spinazie-champignonsoep

(4 porties)

1 eetlepel olie
150 g champignons, afgeborsteld en in plakjes gesneden
1 l kruidenbouillon
150 g verse spinazie, in reepjes gescheurd
zout
peper uit de molen
1/2 theelepel ve-tsin

Verhit de olie in een grote pan en bak hierin de champignons al omscheppend ca. 2 minuten.
Voeg bouillon en spinazie toe en breng de soep aan de kook. Laat de soep ca. 5 minuten zachtjes doorkoken.
Maak de soep op smaak af met zout, peper en ve-tsin.

Bruine-bonensoep

(4 porties)

250 g bruine bonen
1/2 knolselderie, geschild en in kleine stukjes gesneden
1 ui, gepeld en kleingesneden
1 prei, in ringen gesneden
2 aardappels, geschild en in blokjes gesneden
tijm
nootmuskaat
zout
peper uit de molen

Laat de gewassen bonen ca. 12 uur weken in 11/4 l water zonder zout. Breng de bonen in het weekvocht aan de kook.
Voeg knolselderie, ui, prei, aardappel en wat tijm toe. Laat het geheel in een afgesloten pan ca. 1 uur zachtjes door-koken.
Pureer de soep in een kom en verwarm de massa opnieuw. Breng op smaak met nootmuskaat, zout en peper.

Spliterwtensoep met rookkaas

(4 porties)

2 l water
500 g spliterwten
3 groentebouillontabletten
1 laurierblaadje
750 g knolselderie, geschild en in blokjes gesneden
1 winterwortel (à 250 g), geschrapt, in de lengte gehalveerd en in
plakjes gesneden
2 preien, in ringen gesneden
200 g rookkaas, in stukjes gesneden
2 takjes fijngehakte selderie
zout
peper uit de molen
1 bekertje crème fraîche

Doe in een pan: water, gewassen spliterwten, bouillontabletten en laurierblad en breng alles aan de kook. Laat
het geheel in een afgesloten pan ca. 45 minuten zachtjes
koken. Verwijder het laurierblaadje.
Voeg knolselderie en wortel toe. Breng de soep al roerend
weer aan de kook en laat alles ca. 5 minuten zachtjes
doorkoken. Voeg de prei toe en laat de soep nog ca. 10 minuten koken.
Roer de kaas en de helft van de selderie door de soep en
breng het geheel op smaak met zout en peper.
Verdeel de soep over vier voorverwarmde soepkommen
en doe in elke kom 1 eetlepel crème fraîche. Geef de rest
van de crème fraîche en de selderie er apart bij.

Chinese maïssoep in kokosnoten

(6 à 8 porties)

250 g maïs (2 minuten geblancheerd in kokend water en uitge-lekt)
71/2 dl water
1 plakje verse gemberwortel
2 grote kokosnoten
50 g suiker
3 dl kokosmelk

Doe water en gemberwortel in een grote pan en breng dit langzaam aan de kook, zodat de gember kan intrekken.
Haal de gember uit de pan (deze wordt niet meer gebruikt), voeg de maïs toe en breng de bouillon opnieuw aan de kook. Laat de maïs ca. 10 minuten zachtjes doorkoken.
Doorboor twee van de ogen in de kokosnoten en laat het kokosvocht weglopen in een kom. Zaag de kapjes van de kokosnoten af.
Roer suiker en 3 dl kokosmelk door de soep. Schep de soep in de kokosnoten en plaats de gevulde kokosnoten in een stomer (rieten mandje). Stoom de soep ca. 30 minuten boven kokend water.
Serveer de soep in de kokosnoten.

Komkommersoep

(4 porties)

1/2 l room
1/2 l karnemelk
1/2 komkommer, geschild, ontdaan van zaadjes en in kleine blok-
jes gesneden
1/2 theelepel zout
1/2 theelepel suiker
cayennepeper
2 eetlepels citroensap
1 bosje fijngehakte dille
10 g margarine
1 teentje knoflook, gepeld en uitgeperst
4 sneetjes witbrood

Roer de room door de karnemelk. Voeg de blokjes komkommer toe en breng het geheel op smaak met zout, suiker, cayennepeper en citroensap.
Voeg de fijngehakte dille toe. Laat de soep even goed
doorkoken.
Maak een mengsel van margarine en knoflook en besmeer
de sneetjes brood met dit mengsel. Rooster de sneetjes
brood even op een plaatje op het vuur en serveer ze bij de
koude soep.

Komkommer-yoghurtsoep

(6 porties)

21/2 dl magere yoghurt
1/2 theelepel geraspte citroenschil
1 eetlepel citroensap
1 eetlepel olie
2 teentjes knoflook, gepeld en uitgeperst
2 komkommers, geschild, ontdaan van zaadjes en geraspt
1 l kruidenbouillon
zout en peper
1 eetlepel fijngehakte kervel

Meng yoghurt, citroenrasp, citroensap, olie en knoflook goed door elkaar en voeg vervolgens de komkommer toe. Doe de bouillon in een pan, voeg het yoghurt-komkommermengsel toe en roer alles goed door elkaar. Breng de soep op smaak met zout en peper.
Laat de soep ca. 2 uur afkoelen in de koelkast. Garneer de koude soep met kervel.

Rijstsoep

(4 porties)

1 l water
100 g rijst
1 ui, gepeld en fijngesnipperd
11/2 dl kokosmelk (santenoplossing)
1 eierdooier
zout
cayennepeper

Breng het water in een grote pan aan de kook en voeg rijst en ui toe. Laat de rijst in de afgesloten pan ca. 30 minuten zachtjes koken tot een dikke brij ontstaat. Pureer de rijst vervolgens.
Doe de gepureerde rijst terug in de pan, voeg de kokosmelk toe en breng de soep opnieuw al roerend aan de kook.
Roer de losgeklopte eierdooier door de soep en breng het gerecht op smaak met zout en cayennepeper.

Macaronisoep

(2 à 3 porties)

35 g macaroni
1/2 l groentebouillon
1 eetlepel margarine
2 eetlepels bloem
nootmuskaat
fijngehakte peterselie
zout

Doe macaroni en bouillon in een pan en kook de pasta in
ca. 20 minuten gaar.
Verhit de margarine in een pan en roer de bloem erdoor.
Voeg 1 dl van de hete bouillon toe en roer het geheel glad.
Voeg al roerend het bloemmengsel bij de soep.
Breng het geheel op smaak met nootmuskaat en zout, en
garneer het gerecht met peterselie.

Gegratineerde pompoensoep

(4 porties)

400 g aardappels, geschild en in blokjes gesneden
500 g pompoen, geschild, ontdaan van zaadjes en in blokjes gesneden
1 grote ui, gepeld en fijngesnipperd
25 g margarine
1 l melk
zout
peper uit de molen
150 g diepvries spinazie
4 sneetjes stokbrood
40 g geraspte belegen kaas

Verhit de margarine in een grote pan en fruit hierin de ui 4 minuten. Voeg de blokjes aardappel en pompoen toe, alsmede een halve liter melk. Breng op smaak met zout en peper.
Breng het geheel aan de kook en laat het met het deksel op de pan ca. 20 minuten zachtjes doorkoken.
Roer de spinazie door de soep en laat alles nog ca. 6 minuten zachtjes doorkoken.
Schep met een schuimspaan de vaste ingrediënten uit de soep en pureer deze. Houd 4 eetlepels van de puree apart en roer de rest door het kookvocht.
Schenk de rest van de melk erbij en breng de soep al roerend opnieuw aan de kook.
Bestrijk de sneetjes stokbrood met de achtergehouden puree.
Verdeel de soep over vier ovensoepkommen, leg de sneetjes stokbrood erop en strooi de kaas erover.
Plaats de soepkommen onder een voorverwarmde grill en laat de kaas in ca. 2 minuten goudbruin worden.

Avocadosoep

(4 porties)

2 rijpe avocado's, geschild (vruchtvlees in stukjes gesneden)
1 teentje knoflook, gepeld en uitgeperst
zout
peper uit de molen
6 dl melk
1 eetlepel fijngeknipt bieslook (en/of fijngehakte peterselie)

Pureer vruchtvlees, knoflook, zout en peper.
Voeg de melk toe en meng alles goed door elkaar.
Garneer de koude soep met bieslook en/of peterselie.

Appelsoep met worteltjes

(2 porties)

200 g appels, geschild, ontdaan van klokhuis en in kleine stukjes
gesneden
11/2 dl water
50 g worteltjes, geschrapt en in plakjes gesneden
2 eetlepels citroensap
suiker
kaneel

Doe appels, wortels en citroensap in een pan met het water
en breng het geheel aan de kook. Laat de soep ca. 10 minuten zachtjes doorkoken.
Breng de soep op smaak met wat suiker en kaneel.
Deze soep kan zowel warm als koud worden opgediend.

Walnotensoep

(4 porties)

100 g fijngehakte walnoten
1 teentje knoflook, gepeld en uitgeperst
ruim 11/2 dl melk
3 theelepels ketjap
81/2 dl water
zout
zwarte peper uit de molen

Doe noten, knoflook en 1 eetlepel melk in b.v. een vijzel en meng de ingrediënten tot een vrij dikke, gladde pasta.
Doe het mengsel, de rest van de melk, de ketjap en het water in een pan en breng alles al roerend aan de kook.
Breng de soep op smaak met zout en peper.

VOORAFJES, TUSSENDOORTJES EN LUNCHGERECHTEN

Knolseldriesoufflés

(4 porties)

1 knolselderie *(ca. 600 g), schoongemaakt en in blokjes gesneden*
1 eetlepel citroensap
1/2 rode paprika, in kleine stukjes gesneden
1 eetlepel fijngehakte peterselie
100 g verse roomkaas
zout en peper
3 eieren

Kook de knolselderie in weinig water met zout en citroensap in ca. 10 minuten gaar. Laat de blokjes uitlekken en
pureer ze.
Breng de paprika in een pannetje met heet water aan de
kook. Doe de paprika over in een zeef en spoel de stukjes
onder koud stromend water af.
Roer de roomkaas door de knolselderiepuree tot een egale
massa is ontstaan. Splits de eieren. Voeg achtereenvolgens
paprika, peterselie en eierdooiers toe aan de puree. Breng
op smaak met zout en peper.
Vet vier soufflépotjes in. Verwarm de oven voor tot 200°C.
Sla in een kom de eiwitten stijf. Schep de knolselderie-
massa er luchtig door.
Vul de soufflépotjes voor drie kwart met het mengsel. Laat
de soufflés in het midden van de oven in ca. 20 minuten
rijzen en goudbruin worden.

Gevulde rettich

(4 porties)

2 rettichs
50 g margarine
80 g geraspte oude kaas
1 ui, gepeld en fijngesnipperd
1 eetlepel fijngehakte peterselie
1 eetlepel fijngeknipt bieslook
1/2 rode paprika, in blokjes gesneden
2 hardgekookte eieren, fijngeprakt
zout en peper
chilipoeder
citroensap

Snijd het kopje en het kapje van de rettichs en schil de groente dun. Snijd de rettichs in de lengte doormidden en hol de helften uit.

Roer de margarine zacht en voeg de kaas toe. Roer ui, peterselie, bieslook, paprika en ei door het boter-kaasmengsel, samen met het fijngesneden uitgeschepte vruchtvlees van de rettichs. Breng het geheel op smaak met zout, peper, een mespunt chilipoeder en citroensap.

Vul de uitgeholde rettichs met dit mengsel en laat het opstijven in de koelkast. Serveer de rettichs met toost en boter.

Venkelschuitjes met appel en sinaasappel

(4 porties)

2 middelgrote venkelknollen
zout en peper
citroensap
1 appel, geschild, ontdaan van klokhuis en in blokjes gesneden
1 sinaasappel, schoongemaakt en in halve partjes gesneden

voor de dressing:
1/8 l zure room
1 eetlepel sinaasappelsap
zout en peper
fijngehakt venkelgroen
fijngehakte gemengde noten

Was de venkelknollen en blancheer ze 2 minuten in kokend water. Neem de venkelknollen uit de pan en laat ze onder koud stromend water schrikken. Neem de buitenste bladeren eraf en maak hiervan vier gelijkvormige schuitjes. Bestrooi de schuitjes licht met zout en peper en besprenkel ze met wat citroensap.
Snijd de resterende venkel in dunne reepjes. Besprenkel de blokjes appel met citroensap.
Vermeng de zure room met sinaasappelsap, zout en peper en wat fijngehakt venkelgroen. Vermeng het roommengsel met de reepjes venkel, de blokjes appel en de partjes sinaasappel en vul de schuitjes met dit mengsel.
Garneer het gerecht met fijngehakte noten.

Gevulde komkommer

(4 porties)

2 eetlepels yoghurt
1 eetlepel mayonaise
ca. 1½ theelepel geraspte mierikswortel
ca. 1½ theelepel selderiezout
2 versgekookte aardappels, in blokjes gesneden
12 radijsjes, schoongemaakt en in dunne reepjes gesneden
zout
peper uit de molen
1 komkommer, in de lengte doorgesneden en ontpit
1/4 bakje tuinkers

Roer in een kommetje yoghurt, mayonaise, mierikswortel en selderiezout goed door elkaar.
Vermeng de saus met aardappel en radijs. Breng het geheel op smaak met zout en peper.
Schep het yoghurtmengsel in de komkommerhelften en garneer het gerecht met plukjes tuinkers.

Gegratineerde Port Salut

(4 porties)

200 g Port Salut, in plakken gesneden
8 à 12 sneetjes stokbrood
100 g ijsbergsla, in dunne reepjes gesneden
6 eetlepels plantaardige olie
2 eetlepels azijn
1/2 theelepel gedroogde tuinkruiden
zout en peper
2 tomaten, gewassen en in plakjes gesneden
1 bakje tuinkers

Verwarm de grill voor op de hoogste stand. Leg de plakjes Port Salut op de sneetjes stokbrood en leg ze op een bakblik. Zet ze ca. 5 minuten onder de grill totdat de kaas licht gaat kleuren.
Verdeel de sla over vier bordjes en verdeel de dressing (gemaakt van olie, azijn, tuinkruiden, zout en peper) erover. Leg de sneetjes stokbrood in het midden en schik de plakjes tomaat eromheen. Garneer met tuinkers.

Kaastartaar met radijs en komkommer

(6 porties)

300 g rijpe camembert
30 g margarine
1 eetlepel slagroom
1 ui, gepeld en fijngesnipperd
1 theelepel komijn
zout en zwarte peper uit de molen
1 royale theelepel paprikapoeder
1 bos radijsjes, schoongemaakt en in plakjes gesneden
6 tomaten, gewassen en in achten gesneden
1 komkommer, geschild en grof geraspt
1 bosje fijngeknipt bieslook
1 eetlepel fijngehakte gemengde noten

Maak de camembert met een vork fijn. Roer er met margarine en slagroom een glad mengsel van. Voeg ui, komijn, zout, peper en paprikapoeder toe en roer alles goed door elkaar.

Meng tomaat, komkommer en radijs in een schaal en schenk de kaascrème erover. Garneer het gerecht met bieslook en noten.

Walnootcrème met feta

(4 porties)

1 kopje verkruimelde feta
2 eetlepels olijfolie
1/2 kopje melk
1 kopje fijngehakte walnoten
cayennepeper
1 theelepel paprikapoeder

Schenk water over de feta en laat de kaas 1-2 uur staan
(daarmee wordt het zoutgehalte verminderd). Laat de kaas
vervolgens uitlekken.
Doe 1 eetlepel olijfolie, 3 eetlepels melk, 1/3 kopje feta, 1/3
kopje walnoten in een kom en pureer het geheel. Voeg onder het pureren de overige ingrediënten toe en pureer alles
tot een gladde crème.
Bestrijk crackers met de crème.

Avocadopâté

(3 porties)

1 rijpe avocado
125 g (room)kwark
1 teentje knoflook, gepeld en uitgeperst
zout
2 eetlepels fijngehakte peterselie
sap van 1/2 citroen
geraspte schil van 1/4 citroen
sneetjes warm geroosterd volkorenbrood

Schep het vruchtvlees van de avocado uit de schil en prak het met een vork tot puree.
Vermeng de avocadopuree met kwark, knoflook, een snufje zout, peterselie, citroensap en -rasp.
Doe het mengsel in een schaal (of drie kleine schaaltjes) en laat het in de koelkast opstijven.
Geef geroosterd brood bij de avocadopâté.

Eier-preipâté

(4 porties)

75 g margarine
350 g prei, in dunne ringen gesneden
8 hardgekookte eieren, gepeld en in stukjes gesneden
2 eetlepels fijngehakte peterselie
1 eetlepel mosterd
1 eetlepel geraspte belegen kaas

Smelt de helft van de margarine in een pan, voeg de prei toe en stoof de groente op een laag vuur, al roerend, in ca. 10 minuten zacht.
Doe de rest van de margarine in de pan en laat deze smelten. Voeg al roerend de stukjes ei en de peterselie toe.
Neem de pan van het vuur en roer mosterd en kaas door het preimengsel.
Doe het mengsel over in een cakevorm en druk het goed aan.
Plaats de vorm in de koelkast tot de pâté stevig is geworden.
Stort de pâté voorzichtig op een platte schaal en snijd er niet te dunne plakken van.

Walnotenpâté

(4 porties)

50 g margarine
25 g fijngesnipperde ui
50 g sojameel
150 g fijngehakte walnoten
1 theelepel fijngehakte tijm
21/2 theelepel tomatenpuree
2 theelepels citroensap
zout en peper

Verhit de margarine in een pan en fruit de ui ca. 3 minuten.
Voeg sojameel toe en bak dit, al roerend, op een laag vuur
ca. 2 minuten mee.
Neem de pan van het vuur, voeg 1 3/4 dl water toe en
breng alles, al roerend, weer aan de kook. Laat het mengsel
doorkoken tot een stevige pasta is verkregen.
Roer walnoten, tijm, tomatenpuree en citroensap door het
uimengsel en breng het op smaak met zout en peper.
Gebruik de pâté warm, bijvoorbeeld op geroosterd volkorenbrood.

Loempiaatjes met wintergroenten

(2 porties)

stukje knolselderie
1/2 winterwortel
1/2 prei
stukje groene kool
2 eetlepels olie
1 theelepel sambal trassi
2 theelepels sojasaus
6 loempiavelletjes
rijstebloem
olie om te frituren

Maak de groenten schoon en snijd ze in dunne reepjes van
3 cm lengte.
Verwarm de olie en bak de reepjes groente daarin al
omscheppend ca. 4 minuten. Voeg sambal en sojasaus toe
en bak deze mee tot de sojasaus bijna verdampt is. Laat de
groente afkoelen.
Bestrooi het werkblad met rijstebloem en spreid daarop de
loempiavelletjes uit. Schep het groentemengsel in de leng-
terichting op de velletjes, maar zorg ervoor dat er aan de
zijkanten ca. 2 cm ruimte overblijft. Rol de velletjes voor
twee derde strak op. Vouw de zijkanten naar binnen en
bestrijk ze met een beetje water. Rol de velletjes verder op
en druk de onderkant goed op de met water bestreken
zijkanten.
Verhit de olie in een frituurpan tot 180°C en frituur de
loempiaatjes goudbruin.

Groentepasteitjes

(2 porties)

50 g champignons, afgeborsteld en in plakjes gesneden
1 ui, gepeld en in reepjes gesneden
1/2 prei, schoongemaakt en in reepjes gesneden
1/2 winterwortel, geschrapt en in reepjes gesneden
4 eetlepels fijngesneden savooiekool
2 eetlepels olie
1 teentje knoflook
1 eetlepel bloem
1/2 theelepel kerriepoeder
1 dl groentebouillon
zout en peper
4 plakjes diepvries bladerdeeg

Verhit de olie en bak hierin de groenten ca. 5 minuten. Pers het teentje knoflook erboven uit en bak dit even mee. Roer bloem en kerriepoeder erdoor. Laat het mengsel even pruttelen.
Neem de pan van het vuur en schenk de bouillon erbij. Breng de massa al roerend aan de kook en laat alles 4 minuten zachtjes doorkoken. Breng op smaak met zout en peper en laat de massa afkoelen.
Laat de plakjes bladerdeeg naast elkaar op het werkblad ontdooien. Verwarm de oven voor tot 200°C.
Verdeel het groentemengsel over 2 plakjes bladerdeeg en laat daarbij 1 cm van de rand vrij. Bestrijk de randen met wat water. Leg de resterende plakjes bladerdeeg over het groentemengsel. Druk de randen goed op elkaar.
Bekleed een bakplaat met bakpapier, leg hierop de pasteitjes en laat ze in het midden van de oven in ca. 20 minuten goudbruin bakken.

Auberginecurry

(4 porties)

500 g aubergine, schoongemaakt en in blokjes gesneden
zout
100 g zonnebloempitten
1 ui, gepeld en kleingesneden
5 eetlepels olie
100 g rozijnen
1 teentje knoflook, gepeld en uitgeperst
1/2 groentebouillonblokje
2 eetlepels tomatenpuree
1 theelepel koriander
1 theelepel kerriepoeder
1 theelepel gemberpoeder
1 theelepel maanzaad
1 theelepel geraspte citroenschil
peper uit de molen
1 bekertje yoghurt

Bestrooi de blokjes aubergine met zout en laat dat 30 minuten intrekken. Laat de blokjes vervolgens uitlekken.
Rooster de zonnebloempitten in een droge koekepan.
Verwarm de olie en fruit daarin de ui en de blokjes aubergine. Voeg rozijnen en knoflook toe.
Los het bouillonblokje op in een kwart liter heet water. Roer de tomatenpuree erdoor en schenk dit mengsel bij de aubergineblokjes. Laat het geheel ca. 10 minuten pruttelen.
Voeg koriander, kerrie- en gemberpoeder, maanzaad, citroenrasp en peper toe. Roer vervolgens de zonnebloempitten erdoor en laat alles nog ca. 5 minuten pruttelen.
Roer voor het opdienen wat yoghurt door de curry.

Linzenmousse met groene-pepersaus

(4 porties)

300 g gare linzen
2 dl room
2 eetlepels tomatenpuree
50 g geraspte kaas
1 eetlepel fijngehakte peterselie
1 eetlepel fijngeknipt bieslook
tijm
zout en peper
rode wijn

voor de saus:
25 g margarine
25 g bloem
2 dl groentebouillon
1 eetlepel groene pepers
2 eetlepels zure room

Wrijf de gare linzen door een zeef. Klop de room stijf.
Vermeng de tomatenpuree met kaas, peterselie, bieslook
en een snufje tijm. Schep linzen, room en tomatenpuree-
mengsel luchtig door elkaar. Breng het geheel op smaak
met zout, peper en een scheutje rode wijn. Laat de mousse
opstijven in de koelkast.
Smelt de margarine, voeg de bloem toe en al roerend de
bouillon. Voeg de groene pepers toe en laat de saus al roerend even zachtjes doorkoken. Meng er vlak voor het opdienen de zure room door.
Serveer de linzenmousse met de warme groene-pepersaus.

Wortelrösti

(3 porties)

2 eetlepels margarine
1 theelepel olie
3 middelgrote wortels, geschrapt en geraspt
3 aardappels, geschild en geraspt
1 kleine ui, gepeld en geraspt
zout

Verhit in een koekepan margarine en olie.
Vermeng in een kom wortels, aardappels en ui. Verdeel
het wortelmengsel over de bodem van de koekepan en
strooi er zout over.
Bak de rösti aan één kant goudbruin op een niet te hoog
vuur. Draai de koek om en bak de andere kant goudbruin.
Stort de wortelrösti op een platte schaal en breek de koek
in brokken of snijd er punten van.

Groententerrine

(8 porties)

300 g winterwortel, schoongemaakt en kleingesneden
300 g broccoli, verdeeld in roosjes (de stronkjes in dunne plakjes gesneden)
300 g bloemkool, verdeeld in roosjes
zout
100 g parmezaanse kaas
3 eieren
1/4 l slagroom
1 theelepel kerriepoeder
nootmuskaat
peper
1 prei met veel groen
margarine
50 g fijngehakte walnoten

Kook de groenten in drie afzonderlijke pannen in water met zout in ca. 10 minuten gaar. Laat de groenten vervolgens goed uitlekken. Pureer ze na elkaar in een foodprocessor of roerzeef. Doe de groenten over in drie kommen. Verdeel de parmezaanse kaas erover en roer door elke groente 1 ei en 3 eetlepels slagroom. Breng de wortelpuree op smaak met zout en kerriepoeder. De beide andere groentepurees worden op smaak gebracht met zout, peper en nootmuskaat.

Snijd het groen van de prei. Blancheer de bladeren ca. 3 minuten in een pan met kokend water. Spoel ze af in een zeef onder koud stromend water. Trek de bladeren in de lengte uit elkaar.

Vet een cakevorm (11/2 l) in en bekleed de vorm met preibladeren. Laat de bladeren ca. 4 cm overhangen.

Schep achtereenvolgens de broccolipuree, de bloemkoolpuree en de wortelpuree in de vorm. Strijk de bovenkant glad en vouw de preibladeren erover. Dek de vorm af met aluminiumfolie en prik daar enkele gaatjes in.

Verwarm de oven voor tot 200°C. Zet de vorm in een

braadslede en vul deze met kokend water tot ca. 2 cm onder de rand. Laat de terrine in ca. 11/2 uur gaar worden. Laat de rest van de slagroom in een pannetje op hoog vuur inkoken en roer de walnoten erdoor. Serveer de plakjes groententerrine met de saus.

Gemarineerde asperges

(4 porties)

12 asperges
3 dl miso (pasta van sojabonen en granen)
2 eetlepels milde mosterd
1 hardgekookt ei
4 kerstomaatjes
fijngehakte peterselie

Schil de asperges en snijd ze in stukjes van ca. 4 cm. Blancheer ze een halve minuut in kokend water. Spoel ze af onder koud stromend water en dep ze droog.
Meng de miso met de mosterd tot een gladde saus (verdun de saus eventueel met afgekoeld aspergevocht). Leg de stukjes asperge in de saus en laat ze 10 uur marineren in de koelkast. Schep de stukjes regelmatig om.
Laat de asperges voor het opdienen uitlekken en serveer ze op een bordje met plakjes hardgekookt ei en een tomaatje. Bestrooi het gerecht met peterselie.

Gemarineerde champignons

(4 porties)

2 eetlepels witte-wijnazijn
11/4 dl olijfolie
1-2 eetlepels paprikapoeder
1/2 theelepel chilipoeder
125 g champignons, afgeborsteld en in dunne plakjes gesneden
1 eetlepel fijngehakte peterselie

Roer in een kommetje azijn, olie, paprikapoeder en chilipoeder goed door elkaar.
Schenk dit mengsel over de champignons en laat ze ca. 30
minuten marineren op een koele plaats.
Verdeel de champignons over vier bordjes en schenk de
marinade erover. Garneer het gerecht voor het serveren
met peterselie.

Gebakken knolselderieplakken

(4 porties)

1 kleine knolselderie (ca. 750 g)
1 eetlepel citroensap
2 theelepels kerriepoeder
zout
25 g margarine

Snijd het groen van de knolselderie; bewaar wat mooi groen voor de garnering. Snijd de knol in 8 plakken van ca. 1 cm. Schil de plakken, spoel ze af onder koud stromend water en dep ze droog met keukenpapier.
Besprenkel de plakken knolselderie met citroensap en wrijf ze in met kerriepoeder en zout.
Verhit de margarine in een koekepan en bak daarin de plakken knolselderie in ca. 7 minuten aan weerskanten goudbruin en gaar. Garneer de plakken met selderiegroen.

Maïskolven in folie

(4 porties)

8 middelgrote maïskolven, bladscheden en haren verwijderd
2-3 eetlepels margarine

voor de saus:
2 teentjes knoflook, gepeld en uitgeperst
1 ui, gepeld en fijngesnipperd
1 wortel, geschrapt en in dunne plakjes gesneden
50 g fijngesneden prei
2 eetlepels margarine
1 glas witte wijn
sap van 1/2 citroen
fijngehakte peterselie, kervel en dragon
zeezout
peper en cayennepeper

Spoel de maïskolven af en dep ze droog met keukenpapier.
Beboter een stuk aluminiumfolie en leg de maïskolven
erop.
Verwarm de oven voor tot 180°C.
Verhit de margarine en fruit daarin knoflook en ui. Voeg
wortel, prei en kruiden toe. Schenk de wijn en het citroensap erbij en breng het geheel op smaak met zout, peper en
cayennepeper. Schenk de groentesaus over de maïskolven.
Vouw het folie dicht en laat de maïskolven in ca. 35 minuten in de oven gaar worden.

Maïskoekjes met mintsaus

(3 porties)

1 blikje maïskorrels (ca. 300 g), uitgelekt (het vocht bewaren)
1 uitje, gepeld en fijngesnipperd
2 eetlepels rijstebloem
3 eetlepels bloem
2 theelepels bakpoeder
1/2 theelepel cayennepeper
zout
1 ei
2 eetlepels fijngehakte mint
1 eetlepel fijngehakte koriander
1 eetlepel azijn
11/2 theelepel suiker
1/2 bekertje zure room
olie om te frituren

Meng in een kom rijstebloem, bloem, bakpoeder, cayennepeper, een snufje zout en het ei. Roer de maïskorrels en het uitje erdoor en eventueel wat maïsvocht als het mengsel erg droog is.
Roer de mint, de koriander, de azijn, een snufje zout en de suiker door elkaar tot de suiker is opgelost. Roer de zure room erdoor en zet de saus in de koelkast.
Verhit de olie tot ca. 180°C. Laat telkens een flinke lepel met het maïsmengsel in de olie glijden. Frituur 5 maïskoekjes tegelijk goudbruin. Neem ze met een schuimspaan uit de olie en laat ze uitlekken op keukenpapier.
Serveer de maïskoekjes met de saus.

Tuinkers-appel met witte wijn

(4 porties)

4 middelgrote lichtzure appels, gehalveerd en ontdaan van klok-
huis
sap van 1 citroen
2 eetlepels margarine
100 g fijngehakte walnoten
2 eetlepels geweekte rozijnen
50 g geraspte emmentaler
zeezout
peper
olie
1 kopje witte wijn
100 g tuinkers
dragonazijn

Besprenkel de appelhelften met citroensap.
Vermeng de margarine met de walnoten, de rozijnen en de
kaas. Breng het geheel op smaak met zout en peper. Bestrijk de appelhelften met dit mengsel.
Beboter een ovenschotel en zet de appelhelften erin. Laat
ze ca. 15 minuten in de tot 220°C voorverwarmde oven
bakken.
Blus het gerecht met witte wijn en laat die 5 minuten intrekken.
Garneer vier schaaltjes met tuinkers, besprenkel de tuinkers met azijn en zet de appelhelften erop.

Broodschotel met groenten en kaas

(4 porties)

1 prei, in dunne ringen gesneden
1 rode paprika, schoongemaakt en kleingesneden
1 ui, gepeld en fijngesnipperd
50 g margarine
1/2 theelepel tijm
zout en peper
1 eetlepel fijngehakte peterselie
8 sneetjes oud bruinbrood, ontkorst
125 g geraspte oude kaas
4 eieren
1/4 l melk

Verhit de helft van de margarine in een koekepan en bak ca. 5 minuten al roerend prei, paprika en ui. Voeg tijm en zout en peper naar smaak toe.
Besmeer de sneetjes brood dun met wat margarine en snijd ze diagonaal door.
Vet een rechthoekige ovenschaal in met de rest van de margarine. Vul de schaal achtereenvolgens met brood, groentemengsel en kaas.
Klop in een kommetje de eieren los met de melk en schenk dit mengsel over de schotel.
Plaats de schotel in het midden van de tot 200°C voor-verwarmde oven en bak het gerecht in ca. 35 minuten goudbruin.

SAUZEN

Hollandaisesaus

250 g margarine
1/2 dl kruidenazijn
8 gekneusde zwarte peperkorrels
1 sjalotje, gepeld en fijngesnipperd
1 laurierblaadje
2-3 eierdooiers
zout en peper
1-2 theelepels citroensap

Maak de margarine warm in een pannetje (de margarine mag niet kleuren). Neem de pan van het vuur en wacht tot het schuim is opgelost. Giet nu de heldere margarine in een kom.
Laat de azijn met de peperkorrels, het sjalotje en het verkruimelde laurierblaadje tot de helft inkoken. Zeef het vocht door een doekje en laat het iets afkoelen.
Klop in een pannetje de eierdooiers los. Hang het pannetje in een grote pan met heet water. Voeg al kloppend en roerend het vocht scheutje voor scheutje toe en laat het binden. Voeg vervolgens scheutje voor scheutje de geklaarde margarine toe.
Neem het pannetje uit het water, voeg citroensap toe en breng de saus op smaak met zout en peper. Doe de saus over in een koude sauskom.

Béarnaisesaus

200 g margarine
1 ui, gepeld en fijngesnipperd
1 eetlepel fijngehakte dragonblaadjes
1 eetlepel fijngehakte basilicumblaadjes
1/2 theelepel grof gemalen zwarte peper
1 eetlepel wijnazijn
2-3 eetlepels witte wijn
4 eierdooiers
zout en peper
suiker

Smelt de margarine en laat deze vervolgens iets afkoelen.
Breng ui, dragon, basilicum, peper, wijnazijn en witte wijn
aan de kook. Laat het mengsel ca. 5 minuten zachtjes doorkoken. Laat het een beetje afkoelen en klop het vervolgens
met de eierdooiers au bain-marie tot een vrij dikke massa.
Verwijder de pan boven het water en roer beetje voor
beetje de margarine door het ui-wijnmengsel. Breng de
saus op smaak met zout, peper en suiker.
Houd de saus tot gebruik au bain-marie warm, opdat ze
niet gaat schiften.

Mexicaanse saus

2 eetlepels olijfolie
1 kopje fijngesnipperde ui
2 teentjes knoflook, gepeld en uitgeperst
1/2 theelepel zout
1 theelepel karwijzaad
1/4 theelepel koriander
1/4 theelepel cayennepeper
1/4 theelepel peper
1/2 theelepel chilipoeder
3 tomaten, gewassen en kleingesneden
1 eetlepel rode wijn
2 eetlepels tomatenpuree

Verhit de olijfolie en fruit daarin ui en knoflook met een kwart theelepel zout. Voeg karwijzaad, koriander, cayennepeper, peper en chilipoeder toe en roer de massa goed door.
Voeg tomaat, 1 kopje water, rode wijn en tomatenpuree toe, alsmede de rest van het zout. Doe het deksel op de pan en laat de saus ten minste 20 minuten pruttelen.

Paprikasaus

4 middelgrote uien, gepeld en fijngesnipperd
40 g margarine
1/2 teentje knoflook, gepeld en uitgeperst
10 g paprikapoeder
20 g volkorenmeel
1/4 l kruidenbouillon
1 bekertje crème fraîche
zout
citroensap
tomatenpuree

Smelt de margarine en fruit hierin de ui. Voeg knoflook, paprikapoeder, meel en bouillon toe en klop alles met een garde goed door elkaar. Laat de saus aan de kook komen en laat haar vervolgens ca. 15 minuten zachtjes doorkoken. Giet de saus door een zeef, roer de crème fraîche erdoor en verwarm het geheel nog even (niet meer laten koken). Breng de saus op smaak met zout, citroensap en tomatenpuree.

Tomatensaus

20 g margarine
20 g volkorenmeel
3 dl groentebouillon
1 eetlepel tomatenpuree
tijm
ketjap

Smelt de margarine, voeg het meel toe en al roerend scheutje voor scheutje de groentebouillon. Roer tot een gladde saus is ontstaan. Laat de saus even doorkoken zodat het meel gaar kan worden.
Voeg de tomatenpuree toe en breng de saus op smaak met tijm en ketjap.

Champignonsaus

20 g margarine
25 g volkorenmeel
3/8 l groentebouillon
125 g champignons, afgeborsteld en in plakjes gesneden
1 eetlepel margarine
- 1 eierdooier
zout
citroensap

Smelt 20 g margarine en voeg meel en groentebouillon toe.
Klop alles met een garde goed door elkaar. Breng de saus
aan de kook en laat haar ca. 5 minuten zachtjes doorkoken.
Smelt 1 eetlepel margarine en stoof de plakjes champignon
hierin. Voeg de plakjes champignon toe aan de saus.
Klop de eierdooier los in 2 eetlepels koud water en roer het
mengsel door de saus. De saus niet meer laten koken.
Breng de saus op smaak met zout en citroensap.

Uiensaus

40 g margarine
4 flinke uien, gepeld en zeer fijn gesnipperd
40 g volkorenmeel
5 dl kruidenbouillon
witte wijn
zout en peper
nootmuskaat

Smelt de margarine en voeg de ui toe. Roer met een garde tot de uienmassa begint te kleuren. Strooi het meel erover, meng alles goed door elkaar en voeg dan scheutje voor scheutje de bouillon toe. Laat de saus ca. 7 minuten op een laag vuur pruttelen.
Zeef de saus. Voeg een scheutje wijn toe en breng de saus op smaak met zout, peper en nootmuskaat.

Kappertjessaus

1 *middelgrote ui, gepeld en fijngesnipperd*
20 *g margarine*
25 *g volkorenmeel*
3/8 *l kruidenbouillon*
3 *eetlepels kappertjes (met vocht)*
zout en peper
citroensap
1 *eetlepel fijngehakte peterselie*

Smelt de margarine en fruit hierin de ui en het meel lichtgeel van kleur. Voeg de bouillon toe en klop alles met de
garde goed door elkaar. Laat de saus aan de kook komen
en laat haar vervolgens ca. 5 minuten zachtjes doorkoken.
Roer de kappertjes met het vocht door de saus. Breng de
saus op smaak met zout, peper en citroensap. Laat alles
nog even goed warm worden. Garneer de saus met peterselie.

Mosterdsaus

40 g margarine
1 kleine ui, gepeld en fijngesnipperd
40 g volkorenmeel
5 dl kruidenbouillon
4 eetlepels mosterd
suiker
1 theelepel citroensap

Smelt de margarine en fruit hierin de ui. Voeg het meel toe en scheutje voor scheutje de bouillon. Roer alles goed door tot een gladde saus is ontstaan. Laat de saus even doorkoken.
Voeg de mosterd toe, alsmede een mespunt suiker en het citroensap. Roer alles nog eens goed door.

Kerriesaus

40 g margarine
1 flinke ui, gepeld en fijngesnipperd
1 1/2 eetlepel kerriepoeder
40 g volkorenmeel
5 dl kruidenbouillon
1 theelepel citroensap
zout
3 eetlepels koffieroom

Smelt de margarine en fruit hierin de ui lichtgeel. Voeg het kerriepoeder toe en laat dit even meefruiten. Strooi het meel over het mengsel, roer het goed door en voeg dan scheutje voor scheutje de bouillon toe. Laat de saus enkele minuten zachtjes doorkoken.

Zeef de saus, voeg het citroensap toe en breng de saus op smaak met een snufje zout.

Roer vlak voor het opdienen lauwwarme koffieroom door de saus.

Groene saus

500 g verse spinazie, schoongemaakt
1/2 theelepel zout
2 eetlepels margarine
2 eetlepels volkorenmeel
zwarte peper
nootmuskaat
1/2 kopje fijngesnipperde ui (in margarine gesauteerd)
1/2 kopje geraspte cheddar
1 kopje Bulgaarse yoghurt (op kamertemperatuur)
2 eetlepels zure room

Doe de spinazie met aanhangend water in een pan, voeg zout toe en laat de groente op een laag vuur slinken. Pureer de spinazie vervolgens.
Smelt de margarine, voeg het meel toe en laat dit lichtgeel kleuren. Voeg de spinaziepuree toe en laat het geheel al roerend 5 minuten doorkoken. Breng de saus op smaak met peper, nootmuskaat, ui en kaas.
Neem de pan van het vuur en roer de yoghurt en de zure room erdoor. Warm de saus tot slot nog even goed door.

Groene-kruidensaus

40 g margarine
35 g volkorenmeel
5 dl kruidenbouillon
droge witte wijn
sap van 1/2 citroen
suiker
zout en peper
1 eierdooier
5 eetlepels fijngehakte groene kruiden (peterselie, kervel, dille
e.d.)

Smelt de margarine en voeg het meel en de bouillon toe.
Roer alles met een garde tot een mooi glad mengsel. Laat
de saus even doorkoken en voeg vervolgens een scheutje
witte wijn, citroensap, een mespunt suiker en wat zout en
peper toe.
Neem de pan van het vuur en roer de losgeklopte eierdooier door de saus. Voeg tot slot de groene kruiden toe.
Laat de saus nog even goed warm worden.

Pindasaus

1 *kleine ui, gepeld en fijngesnipperd*
margarine
1 *theelepel kerriepoeder*
1 *teentje knoflook, gepeld en uitgeperst*
1 *theelepel sambal oelek*
100 *g pindakaas*
melk
zout
20 *g margarine*
20 *g volkorenmeel*
3 *dl groentebouillon*
citroensap
1 *theelepel honing*
ketjap

Verhit een klontje margarine en fruit daarin de ui. Voeg kerriepoeder en knoflook toe en bak deze even mee. Voeg sambal, pindakaas, een scheutje melk en wat zout toe en roer alles tot een gladde massa.
Smelt in een andere pan 20 g margarine, voeg het meel toe en al roerend scheutje voor scheutje de groentebouillon. Laat dit mengsel even doorkoken zodat het meel gaar kan worden.
Voeg langzaam het ui-kerriemengsel bij de basissaus. Roer alles goed door. Breng de saus op smaak met citroensap, honing en een scheutje ketjap.

Kaas-roomsaus

20 g margarine
25 g volkorenmeel
1/4 l kruidenbouillon
1/8 l melk
100 g geraspte belegen kaas
1 eierdooier
4 eetlepels room
zout en peper
nootmuskaat
strooi-aroma

Smelt de margarine en fruit hierin het meel lichtgeel van
kleur. Voeg de bouillon en de melk toe en klop alles met
een garde goed door elkaar. Laat de saus aan de kook komen en laat haar vervolgens ca. 5 minuten zachtjes doorkoken.
Voeg de kaas toe een blijf roeren tot deze gesmolten is.
Klop de eierdooier los in de room en voeg het mengsel toe
aan de saus. De saus nu niet meer laten koken.
Breng de saus op smaak met zout, peper, nootmuskaat en
strooi-aroma.

Sinaasappel-gembersaus

1/3 kopje margarine
11/2 eetlepel geraspte gemberwortel
1 teentje knoflook, gepeld en uitgeperst
1/3 kopje volkorenmeel
1 kopje melk
1 kopje sinaasappelsap
1 eetlepel sojasaus
1 theelepel geraspte sinaasappelschil
peper uit de molen

Smelt de margarine en fruit daarin gemberwortel en knoflook 1-2 minuten. Voeg het meel toe en roer dat met een
garde door het gembermengsel. Voeg scheutje voor
scheutje de melk toe en laat de saus al roerend 5 minuten
zachtjes doorkoken.
Voeg sinaasappelsap, sojasaus, sinaasappelrasp en wat
peper toe en laat de saus nog ca. 10 minuten onder af en toe
roeren doorkoken.

DRESSINGS

Mosterddressing

1 bekertje zure room
3 eetlepels mayonaise
2 eetlepels mosterd
zout
peper uit de molen
1 theelepel suiker

Doe zure room, mayonaise en mosterd in een kom en meng alles goed door elkaar.
Breng de dressing op smaak met zout, peper en suiker.

Kruidendressing met vermouth

1/4 *theelepel mosterdpoeder*
1/4 *theelepel zout*
1/2 *theelepel zwarte peper uit de molen*
1/2 *theelepel lichtbruine basterdsuiker*
ca. 11/2 dl druivepittenolie
6 *theelepels droge rode of witte vermouth*
2 *theelepels fijngehakt basilicum*
1 *theelepel fijngehakte hysop*
1 *theelepel fijngehakte dille*

Roer mosterdpoeder, zout, peper, basterdsuiker en olie in een kom goed door elkaar.
Klop de vermouth erdoor tot de saus licht gaat binden.
Dek de kom af met huishoudfolie en zet de saus tot gebruik in de koelkast.
Roer er kort voor het gebruik de kruiden door.

Zoetzuurdressing

1 sjalotje, gepeld en fijngesnipperd
1 teentje knoflook, gepeld en uitgeperst
1/4 theelepel zout
1/2 theelepel zwarte peper uit de molen
1/2 theelepel paprikapoeder
2 theelepels Franse mosterd
4 theelepels lichtbruine basterdsuiker
1 theelepel worcestershiresaus
3 theelepels tomatenpuree
ca. 11/2 dl olijfolie
3/4 dl bosbessenazijn
1/4 gele en 1/4 rode paprika

Roer sjalot, knoflook, zout, peper, paprikapoeder, mosterd, suiker, worcestershiresaus, tomatenpuree en olijfolie in een kom goed door elkaar.
Klop de azijn erdoor tot de saus licht gaat binden. Dek de kom af met huishoudfolie en zet de saus tot gebruik in de koelkast.
Leg de stukken paprika onder de hete grill met de schil naar boven tot ze geblakerd zijn. Trek de schil van de paprika's, hak ze fijn en laat ze afkoelen. Roer de paprika-'puree' door de dressing.

Mexicaanse tomatendressing

500 g tomaten, gewassen en in stukjes gesneden
1 ui, gepeld en fijngesnipperd
2 teentjes knoflook, gepeld en uitgeperst
sap van 11/2 citroen
1 theelepel suiker
2 theelepels gemalen komijn (djintan)
1 theelepel cacao
1 theelepel oregano
1 theelepel paprikapoeder
1 theelepel chilipoeder
tabasco
zout

Doe alle ingrediënten in een mengbeker en pureer ze tot
een gladde saus. Voeg zo nodig nog wat zout en/of
tabasco toe. Zet de dressing tot gebruik in de koelkast.

Komkommerdressing

1 dl magere yoghurt
6 eetlepels geraspte komkommer
1 theelepel fijngehakte dille
zout en peper
1/2 theelepel suiker

Doe yoghurt en komkommer in een kom en vermeng de ingrediënten met elkaar.
Roer dille, zout, peper en suiker naar smaak door het yoghurtmengsel.

Bulgaarse dressing

1 dl Bulgaarse yoghurt
zout
peper uit de molen
tabasco
1 theelepel suiker
3 eetlepels fijngeknipt bieslook

Doe alle ingrediënten in een kom en vermeng ze goed met elkaar.
Laat de dressing ca. 30 minuten staan alvorens te gebruiken.

Yoghurtvinaigrette

ruim 1/2 dl yoghurt
4 theelepels citroensap
1 eetlepel mosterd
1/2 theelepel gedroogde tijm
11/2 theelepel sojasaus
1/4 theelepel zout
1/4 theelepel zwarte peper uit de molen

Doe yoghurt, citroensap en mosterd in een kom en vermeng de ingrediënten goed met elkaar.
Roer tijm, sojasaus, zout en peper erdoor. Laat de dressing
even staan alvorens te gebruiken.

Roquefortdressing met zure room

1/4 theelepel cayennepeper
1/4 theelepel zout
zwarte peper uit de molen
2 theelepels ciderazijn
1 bekertje zure room
100 g roquefort, verkruimeld

Meng cayennepeper, zout, zwarte peper en azijn in een kom tot het zout is opgelost.
Roer de zure room en de verkruimelde roquefort er goed doorheen.
Plaats het geheel minimaal 1 uur in de koelkast alvorens de dressing te gebruiken.

Roomkaasdressing

1 dl koffieroom
1 eetlepel tomatenketchup
1 eetlepel citroensap
100 g Mon Chou
zout
peper uit de molen
1 eetlepel fijngehakte peterselie

Doe koffieroom, tomatenketchup, citroensap en Mon Chou in een kom en roer alles goed door elkaar tot een gladde saus is ontstaan.
Breng het geheel op smaak met zout, peper en peterselie.

Avocado-tofudressing

75 g tofu (sojabonenpâté)
1 eetlepel citroensap
1 eetlepel plantaardige olie
1 rijpe avocado (vruchtvlees in blokjes gesneden)
knoflookzout
fijngehakte dille
1 sjalot, gepeld en fijngesnipperd
zout en peper

Knijp de tofu goed uit. Snijd de tofu in blokjes en doe deze samen met het citroensap, de olie, de blokjes avocado, de kruiderijen en wat zout en peper in een mixer. Meng tot een gladde saus is verkregen. Zet de dressing tot gebruik in de koelkast.

Selderie-venkeldressing

60 g geraspte bleekselderie
3 theelepels gesnipperde bosuitjes
6 theelepels fijngehakte venkelknol
3 theelepels fijngehakt venkelgroen
1/4 theelepel zout
1/2 theelepel zwarte peper uit de molen
1/4 theelepel mosterdpoeder
1 theelepel honing
6 theelepels groene-peperazijn
150 g zure room

Roer bleekselderie, bosuitjes, venkelknol, venkelgroen, zout, peper, mosterdpoeder en honing in een kom goed door elkaar.
Klop de azijn en de zure room erdoor. Dek de kom af met huishoudfolie en zet de dressing tot gebruik in de koelkast.

Citroendressing

1/8 theelepel zout
1/8 theelepel geraspte citroenschil
2 theelepels gedroogde munt
ruim 1/2 dl citroensap
1,2 dl olijfolie
1/8 theelepel zwarte peper uit de molen

Doe citroenrasp, 1 theelepel water en zout in een potje met een schroefdeksel en laat het mengsel ca. 3 minuten staan. Voeg munt en citroensap toe, sluit de pot opnieuw en schud alles goed door elkaar.
Voeg olie en peper toe, sluit de pot weer af en schud alles nog eens flink door elkaar.

Gemberdressing

4 eetlepels tomatenketchup
1 eetlepel azijn
3 bolletjes gember, kleingesneden
2 eetlepels gembersiroop
1 sjalotje, gepeld en fijngesnipperd
zout
peper uit de molen
kruidnagelpoeder
chilipoeder

Doe tomatenketchup, azijn, gember, gembersiroop en sjalot in een kom en roer alles goed door elkaar.
Breng de dressing op smaak met zout, peper, een mespunt kruidnagelpoeder en een mespunt chilipoeder.

Eierdressing met mosterd

2 *hardgekookte eieren, door een zeef gedrukt*
1 *rauwe eierdooier*
2 *theelepels mosterdpoeder*
6 *theelepels olijfolie*
1 *theelepel worcestershiresaus*
1 *theelepel witte-wijnazijn*
2 *bosuitjes, gepeld en fijngesnipperd*
1 1/2 *dl slagroom*

Klop de hardgekookte eieren, de rauwe eierdooier en het mosterdpoeder in een kom goed door elkaar.
Voeg druppel voor druppel de olie toe en klop het geheel tot een gladde saus. Roer vervolgens worcestershiresaus, azijn en ui door de saus.
Sla de slagroom stijf en spatel deze door de saus. Dek de kom af met huishoudfolie en zet de dressing tot gebruik in de koelkast.

Sesam-hazelnootdressing

2 eetlepels sesampasta
4 eetlepels mayonaise
sap van 1/2 citroen
2 eetlepels honing
1 bekertje zure room
100 g grof gehakte hazelnoten
zout en peper
tabasco

Meng in een mixer sesampasta, 11/2 dl water, mayonaise, citroensap, honing en zure room door elkaar. Roer de gehakte hazelnoten erdoor. Breng de dressing op smaak met zout, peper en een paar druppels tabasco.

(MAALTIJD) SALADES

Chinese groentesalade

(4 porties)

1/2 struik bleekselderie, schoongemaakt en in smalle reepjes gesneden
1 winterwortel, geschrapt en in smalle reepjes gesneden
1 theelepel zout
2-3 eetlepels rijstwijn of sherry
1 eetlepel suiker
1/2 krop ijsbergsla

Doe de reepjes bleekselderie en winterwortel in een kom en bestrooi ze met zout. Dek de kom af met huishoudfolie en laat de groenten 2 uur staan.
Laat de bleekselderie en winterwortel uitlekken en doe ze terug in de kom.
Verwarm de rijstwijn in een pannetje en laat de suiker erin oplossen. Schep het sausje door de groenten en zet de afgedekte kom een paar uur in de koelkast.
Snijd de ijsbergsla in smalle reepjes en leg deze op een schaal. Schep hierop de salade van bleekselderie en winterwortel.

Groentesalade met kaas en tahoe

(2-3 porties)

150 g tahoe, in dobbelsteentjes gesneden
2 teentjes knoflook, gepeld en uitgeperst
1/2 theelepel sambal oelek
zout
4 worteltjes, geschrapt en in dunne plakjes gesneden
3 stengels bleekselderie, in plakjes gesneden
stukje prei van ca. 3 cm, in dunne ringen gesneden
1 stevige lichtzure appel, geschild, ontdaan van klokhuis en in
dunne plakjes gesneden
1 eetlepel citroensap
2 gemberbolletjes, fijngehakt
100 g kruidenkaas, in kleine blokjes gesneden
50-100 g alfalfa
3 eetlepels zonnebloemolie

voor de dressing:
4 eetlepels gembersiroop
6 eetlepels rijstazijn

Doe de blokjes tahoe in een kom. Vermeng de knoflook met de sambal en een mespuntje zout, doe het mengsel bij de tahoeblokjes en schep alles goed door elkaar. Laat de blokjes ca. 1 uur rusten.
Besprenkel de plakjes appel met citroensap om verkleuring te voorkomen.
Doe wortel, bleekselderie, prei, appel, gember en kaas in een kom. Schep alles luchtig door elkaar.
Meng gembersiroop en rijstazijn door elkaar en schenk het mengsel over de groentesalade. Laat het geheel ca. 30 minuten marineren.
Verdeel de alfalfa over de borden. Schep de groentesalade erop.
Verhit de zonnebloemolie in een koekepan en bak de tahoeblokjes al omscheppend rondom goudbruin. Schep de blokjes over de salade.

Salade van Chinese kool met pinda's

(4 porties)

300 g Chinese kool, in flinterdunne reepjes gesneden
2 kleine uien, gepeld en fijngesnipperd
100 g taugé
2 eetlepels witte-wijnazijn
zout en zwarte peper
2 eetlepels sojasaus
1 eetlepel droge sherry
2 teentje knoflook, gepeld en uitgeperst
4 eetlepels olie
3 eetlepels gezouten pinda's

Doe de taugé in een vergiet en giet er kokend water over.
Laat de taugé uitlekken. Doe Chinese kool, uien en taugé
in een kom en meng alles goed door elkaar.
Roer een sausje van azijn, zout, peper, sojasaus, sherry,
knoflook en olie. Schenk de saus over de salade en schep
alles goed om.
Rooster de pinda's in een droge koekepan en strooi de nog
warme pinda's over de salade.

Salade met noten en feta

(4 porties)

150 g gemengde sla (ijsbergsla, roodlof, krulsla e.d.)
25 g ongezouten gehakte hazelnoten
25 g pijnboompitten
150 g feta, in plakjes gesneden

voor de dressing:
1 theelepel mosterd
1 eetlepel frambozenazijn
3 eetlepels noteolie
zout en peper

Was de slabladeren en sla ze droog. Scheur ze vervolgens in stukjes.
Rooster de hazelnoten en pijnboompitten in een droge koekepan goudbruin.
Vermeng de ingrediënten voor de dressing in een slakom.
Voeg de stukjes sla toe en schep alles luchtig door elkaar.
Verdeel de salade over vier borden, leg de plakjes feta erop en zet de borden even onder de voorverwarmde hete grill tot de kaas gaat kleuren.
Bestrooi de salade met het hazelnoot-pijnboompitmengsel en dien direct op.

Mexicaanse kaassalade

(4 porties)

350 g tomaten, gewassen en in stukjes gesneden
150 g geraspte belegen kaas
1 grote ui, gepeld en fijngesnipperd
1 avocado, geschild en in blokjes gesneden
3 eetlepels citroensap
1/2 krop ijsbergsla, schoongemaakt en fijngesneden
peper uit de molen
8-12 zwarte olijven

Doe de blokjes avocado in een kommetje en besprenkel ze met citroensap.
Doe de fijngesneden sla in een kom. Voeg de overige ingrediënten, alsmede de blokjes avocado met het citroensap toe. Schep alles luchtig door elkaar. Maal er wat peper boven en garneer de salade met olijven.

Veldsla met radijsjes

(4 porties)

200 g veldsla, gewassen
2 bosjes radijsjes, gewassen
1 lichtzure appel, geschild, ontdaan van klokhuis en in reepjes
gesneden
2 eetlepels vruchtenazijn
4 eetlepels olijfolie
1 kleine ui, gepeld en fijngesnipperd
1 teentje knoflook, gepeld en uitgeperst
zout
peper uit de molen
suiker
2 eetlepels fijngehakte walnoten

Schep veldsla, radijsjes en appel luchtig door elkaar.
Roer een dressing van azijn, olie, ui en knoflook. Breng de
dressing op smaak met zout, peper en wat suiker. Schenk
de dressing over het veldslamengsel. Bestrooi het geheel
met fijngehakte walnoten.

Bietjessalade met zure room en mosterd

(*4 porties*)

500 g gekookte bietjes, geschild en geraspt
1 bekertje zure room
2 eetlepels mosterd
sap van 1/2 citroen
zout en peper
1 eetlepel fijngehakte peterselie

Roer in een kommetje zure room, mosterd, citroensap, zout en peper tot een sausje.
Vermeng het sausje met de bietjes en laat de salade ca. 1 uur rusten.
Bestrooi de salade voor het opdienen met peterselie.

Andijviesalade met appel en walnoten

(4 porties)

400 g andijvie, schoongemaakt en fijngesneden
1 grote appel, geschild, ontdaan van klokhuis en in blokjes ge-
sneden
1 dunne prei, in dunne ringen gesneden
50 g fijngehakte walnoten

voor de dressing:
3 eetlepels kwark
2 eetlepels kerriesaus
2 gemberbolletjes, fijngehakt

Doe andijvie, appel, prei en walnoten in een slakom en
schep alles luchtig door elkaar.
Klop in een kommetje de kwark los met kerriesaus en
gember. Schep de dressing door de salade.

Kleurige andijviesalade

(4 porties)

1 *struik andijvie, schoongemaakt en in dunne reepjes gesneden*
1 *groene en 1 rode paprika, schoongemaakt en in dunne ringen gesneden*
2 *rijpe appels, geschild, ontdaan van klokhuis en in reepjes gesneden*
2 *sinaasappels, geschild en in partjes verdeeld*
1 *grapefruit, geschild en in partjes verdeeld*
2 *tomaten, gewassen en kleingesneden*

voor de dressing:
2 *eetlepels mayonaise*
250 *g kefir*
1/2 *theelepel zout*
witte peper uit de molen
gemberpoeder
2 *eetlepels citroensap*

Schep andijvie, paprika, appel, sinaasappel, grapefruit en tomaat in een slakom voorzichtig door elkaar.
Klop de ingrediënten voor de dressing tot een homogene massa. Giet de dressing over de salade en schep alles luchtig om. Bedek de kom met huishoudfolie en zet de salade tot gebruik in de koelkast.

Salade van knolselderie, appel, noten en mango

(2 porties)

200 g knolselderie, geschild en in blokjes gesneden
sap van 1/2 citroen
1 appel, ontdaan van klokhuis en in blokjes gesneden
1 eetlepel mayonaise
1 eetlepel crème fraîche
1 eetlepel sherry
1 theelepel mosterd
1/2 theelepel kerriepoeder
zout en peper
50 g fijngehakte gemengde noten
1 rijpe mango, geschild en in blokjes gesneden

Kook de blokjes knolselderie enkele minuten in water met zout beetgaar. Spoel de blokjes af onder koud stromend water en besprenkel ze met citroensap. Besprenkel ook de blokjes appel met citroensap en voeg ze bij de knolselderie.
Roer in een kommetje een sausje van mayonaise, crème fraîche, sherry, mosterd, kerriepoeder en wat zout en peper.
Vermeng knolselderie en appel met de dressing en laat deze even intrekken. Schep de noten en de blokjes mango door de salade.

Venkelsalade

(4 porties)

1 middelgrote venkelknol, geschild en kleingesneden
fijngehakt venkelgroen
10 radijsjes, in dunne plakjes gesneden
2 sinaasappels, gepeld, vliesjes en pitten verwijderd en in partjes
verdeeld
4 zwarte olijven, ontpit en gehalveerd
4 eetlepels gefruite uitjes

voor de dressing:
6 eetlepels olijfolie
3 eetlepels ciderazijn
1 theelepel Pernod
1/2 theelepel zout
cayennepeper

Schik venkel, radijs, sinaasappel, olijven en uitjes op een
schaal en verdeel het venkelgroen ertussen.
Klop in een kom olie, azijn, Pernod, zout en een mespunt
peper met de garde goed door elkaar. Schenk de dressing
over de venkelsalade.

Maïssalade

(4 porties)

1 literblik maïskorrels
200 g taugé
1 rijpe avocado, geschild en in kleine stukjes gesneden
1 bakje tuinkers, afgeknipt en gewassen

voor de dressing:
8 eetlepels olijfolie
2 eetlepels ketjap manis
1/2 theelepel zout
witte peper uit de molen

Doe de maïskorrels over in een vergiet en spoel ze af onder koud stromend water. Laat ze uitlekken. Was de taugé en laat ook deze goed uitlekken.

Meng maïskorrels en taugé in een kom door elkaar. Voeg stukjes avocado en tuinkers toe.

Roer een dressing van olijfolie, ketjap, zout en peper en schenk deze over de salade.

Preisalade

(4 porties)

1 kg prei, schoongemaakt en in dunne ringen gesneden

voor de dressing:
6 eetlepels zonnebloemolie
3 eetlepels wijnazijn
1 teentje knoflook, gepeld en uitgeperst
zout
peper uit de molen
1/2 theelepel mosterd

Kook de prei met weinig water en zout in ca. 8 minuten beetgaar. Laat de prei uitlekken en afkoelen. Doe de groente over in een schaal.
Roer in een kommetje olie, azijn, knoflook, zout, peper en mosterd tot een dressing. Schenk de dressing over de prei en schep alles luchtig door elkaar.
Zet de schaal afgedekt ca. 1 uur in de koelkast, zodat de salade goed koud kan worden.

Zoetzure tomatensalade

(2 porties)

250 g tomaten, gewassen en in plakjes gesneden
zout
peper uit de molen
5 fijngeknipte sprietjes bieslook
1 slalotje, gepeld en kleingesneden
1 teentje knoflook, gepeld en uitgeperst
ca. 1/2 theelepel sambal oelek
1 eetlepel ketjap manis
sap van 1/2 citroen

Leg de tomaten in een schaal en bestrooi ze met zout, peper en bieslook.
Doe de stukjes sjalot in een kommetje en plet ze met de bolle kant van een lepel. Voeg knoflook, sambal, ketjap en citroensap toe en roer er een dressing van.
Schenk de dressing over de tomaten en schep alles even luchtig om.

Bleekselderie-walnootsalade

(4-6 porties)

3 zure appels, ongeschild, ontdaan van klokhuis en in blokjes gesneden
450 g bleekselderie, in plakjes gesneden
100 g grof gehakte walnoten
3 eetlepels rozijnen
1/2 dl citroensap
ca. 2 dl mayonaise
1 theelepel zout
1/2 theelepel zwarte peper uit de molen
voor de garnering: enkele toefjes krulandijvie

Doe alle ingrediënten in een grote kom. Meng alles goed door elkaar.
Schep de salade op een grote platte schaal en garneer het geheel met krulandijvie.

Taugé-bananensalade

(2 porties)

250 g taugé
2 rijpe bananen, gepeld en in plakjes gesneden
1 kopje blauwe druiven, gehalveerd

voor de dressing:
1 bekertje zure room
1-2 eetlepels sojasaus
zout

Spoel de taugé even af in een vergiet. Laat de taugé uitlekken. Meng taugé, plakjes banaan en druiven in een kom.
Klop de zure room los met sojasaus, voeg eventueel wat
zout toe en schenk de dressing over de salade. Zet de salade tot gebruik in de koelkast.

Witlofsalade met mandarijntjes

(2 porties)

2 struikjes witlof, schoongemaakt en fijngesneden
1/2 blikje mandarijntjes op sap, uitgelekt (sap opvangen)
50 g grof gehakte walnoten
2 eetlepels slasaus

Doe in een slakom witlof, mandarijntjes, de helft van het
sap en de helft van de walnoten en schep alles luchtig door
elkaar.
Schenk de slasaus erover en garneer de salade met de achtergehouden walnoten.

Wortelsalade

(4 porties)

300 g winterwortel, geschrapt en grof geraspt
1 rode paprika, schoongemaakt en in dunne reepjes gesneden
2 stengels bleekselderie, in flinterdunne reepjes gesneden
100 g taugé
3 eetlepels olie
1 sjalotje, gepeld en fijngesnipperd
ca. 1 eetlepel kerriepoeder
sap van 1 sinaasappel
2 eetlepels yoghurt
zout
voor de garnering: 1/2 bakje tuinkers

Doe de geraspte wortel in een slakom.
Doe paprika, bleekselderie en taugé in een zeef, giet er ca.
anderhalve liter kokend water over en laat de groenten
vervolgens uitlekken.
Verhit in een steelpan 1 eetlepel olie en fruit daarin de sjalot met kerriepoeder ca. 2 minuten. Neem het pannetje van
het vuur en roer het sinaasappelsap, de yoghurt en de rest
van de olie door het sjalotmengsel tot een mooie gladde
saus ontstaat. Breng de dressing op smaak met zout.
Schep paprika, bleekselderie, taugé en de dressing door de
geraspte wortel en laat de salade even rusten.
Garneer met tuinkers.

Rodekoolsalade met honingdressing

(2 porties)

1/4 rodekool, in smalle reepjes gesneden (of 200 g gesneden rode-
kool)
1 appel, geschild, ontdaan van klokhuis en in blokjes gesneden
3 eetlepels rozijnen
25 g fijngehakte walnoten
2 eetlepels vloeibare honing
4 eetlepels citroensap
zout en peper

Doe de reepjes kool in een kom. Meng de blokjes appel, de
rozijnen en de walnoten erdoor.
Roer in een kommetje een dressing van honing en citroensap. Breng de dressing op smaak met zout en peper. Meng
de dressing door de salade.

Salade van artisjokken

(4 porties)

1 groot blik artisjokharten
1 kleine ui, gepeld en fijngesnipperd
4 grote vleestomaten, gewassen en in plakjes gesneden
1 kleine venkelknol, geschild en in dunne plakjes gesneden

voor de dressing:
1 kopje olijfolie
2 eetlepels azijn
2 teentjes knoflook, gepeld en uitgeperst
1 theelepel citroenmelisse
zout
2 eetlepels fijngeknipt bieslook

Laat de artisjokharten uitlekken en snijd ze vervolgens in de lengte door.
Leg de artisjokharten in het midden van een schaal. Schik er de plakjes tomaat en venkelknol omheen. Bestrooi het geheel met ui.
Klop de ingrediënten voor de dressing met een garde door elkaar. Schenk de dressing over de salade en zet deze tot gebruik in de koelkast.

Macaronisalade met ei

(maaltijdsalade; 4 porties)

400 g (volkoren) macaroni
6 hardgekookte eieren, gepeld en in plakjes gesneden
1 groene en 1 rode paprika, schoongemaakt en in blokjes gesneden
250 g worteltjes, geschrapt en in flinterdunne reepjes gesneden
1 prei, in ringen gesneden
1 bosje radijs
3 tomaten, gewassen en in partjes gesneden

voor de dressing:
6 eetlepels olie
3 eetlepels azijn
4 augurken, kleingesneden
3 eetlepels zilveruitjes, kleingesneden
zout en peper
2 eetlepels tomatenketchup
tabasco

Kook de macaroni volgens de gebruiksaanwijzing op de verpakking beetgaar. Laat de macaroni uitlekken.
Schep de gesneden groenten (houd van alles iets achter voor de garnering) en de plakjes ei door de nog warme macaroni.
Vermeng de ingrediënten voor de dressing. Voeg de dressing toe aan de groenten, dek de schaal af en laat de dressing op een koele plaats intrekken.
Garneer de salade met de achtergehouden groenten.

Rijstsalade met mandarijntjes en kaas

(maaltijdsalade; 3 porties)

150 g gare rijst, afgekoeld
1/2 literblik doperwten, uitgelekt
2 blikjes mandarijntjes, uitgelekt
250 g jong belegen kaas, ontkorst en in kleine blokjes gesneden

voor de dressing:
2 eetlepels olie
2 eetlepels wijnazijn
2 theelepels suiker
paprikapoeder
zout
4 eetlepels fijngeknipt bieslook

Roer olie, azijn, suiker, paprikapoeder, wat zout en bieslook tot een dressing.
Doe alle ingrediënten in een slakom en schep alles luchtig door elkaar.
Dek de kom af en zet de salade tot gebruik in de koelkast.

Rijstsalade met verse groenten

(maaltijdsalade; 4 porties)

1/4 bloemkool, in kleine roosjes verdeeld
1 paprika, schoongemaakt en in stukjes gesneden
200 g sperziebonen, afgehaald en in stukjes gesneden
1 bekertje zure room
sap van 1/2 citroen
zout
peper uit de molen
kruidenzout
1/2 bosje fijngehakte bladselderie
1/2 bosje fijngehakte peterselie
1 takje fijngehakte lavas
fijngehakte tijm
1/2 prei, in dunne ringen gesneden
2 tomaten, gewassen en in stukjes gesneden
200 g gare rijst, afgekoeld
200 g jong belegen kaas, in kleine blokjes gesneden
enkele mooie slabladeren, gewassen en drooggeslagen

Kook bloemkool, paprika en sperziebonen afzonderlijk 5 minuten in weinig water met wat zout. Laat ze vervolgens uitlekken en afkoelen.
Vermeng in een kom zure room met citroensap, zout, peper en kruidenzout.
Schep de afgekoelde groenten en de overige ingrediënten er luchtig door.
Beleg een slakom met slabladeren en verdeel de rijstsalade erover.

Kleurige bonensalade

(maaltijdsalade; 4 porties)

125 g gare bruine bonen
125 g gare witte bonen
125 g gare sojabonen
zout
peper uit de molen
ca. 11/2 eetlepel geraspte citroenschil
1 teentje knoflook, gepeld en uitgeperst

voor de dressing:
1 ui, gepeld en fijngesnipperd
2 theelepels paprikapoeder
1 eetlepel citroensap
1 eetlepel wijnazijn
ca. 8 eetlepels olijfolie

Doe de bonen in een grote kom met zout, peper, citroenrasp en knoflook en vermeng alles goed met elkaar.
Roer in een kommetje ui, paprikapoeder, citroensap, azijn
en olie tot een dressing.
Schenk de dressing over het bonenmengsel en schep alles
goed door elkaar.
Laat de salade ca. 2 uur rusten op een koele plaats alvorens
te serveren.

Salade met kidney beans

(maaltijdsalade; 2 porties)

2 eierdooiers
3 eetlepels citroensap
2 theelepels pittige mosterd
zout en peper
2 dl olie
1 theelepel chilipoeder
1 theelepel gemalen komijn
1 theelepel basterdsuiker
1 blik kidney beans (ca. 415 g)
150 g geraspte belegen boerenkaas
1 grote ui, gepeld en fijngesnipperd
1/2 krop ijsbergsla, schoongemaakt en fijngesneden
2 eetlepels azijn
6 jalapeño-pepers
100 g tortillachips

Doe de eierdooiers met citroensap, mosterd, zout en peper
in een hoge kom en roer alles door elkaar. Klop met een
mixer de olie eerst druppel voor druppel en daarna in een
dun straaltje erdoor tot er een mayonaise ontstaat. Roer
chilipoeder, komijn en basterdsuiker erdoor en breng alles
op smaak met zout en peper. Zet de dressing tot gebruik in
de koelkast.
Spoel de bonen in een vergiet af onder koud stromend
water en laat ze uitlekken.
Schep in een kom bonen, ui, kaas, azijn, pepertjes en sla
door elkaar.
Doe de salade over op een schaal en schik de tortillachips
eromheen. Geef de saus er apart bij.

Kapucijnersalade

(maaltijdsalade; 4 porties)

2 preien, in dunne ringen gesneden
1 eetlepel kerriepoeder (pittig)
15 g margarine
2 appels, geschild, ontdaan van klokhuis en in blokjes gesneden
zout en peper
1,2 kg gare (= 400 g ongekookte) kapucijners
1 bekertje zure room
2 eetlepels fijngehakte selderie
2 eetlepels fijngeknipt bieslook
2 bananen, gepeld en in plakjes gesneden

Laat de kapucijners 8-12 uur weken (de kooktijd bedraagt
1-1 uur).
Fruit de preiringen met kerriepoeder goudgeel in de margarine. Voeg de stukjes appel toe en bak deze even mee.
Breng op smaak met zout en peper. Schep het prei-appelmengsel door de gare en afgekoelde kapucijners.
Meng selderie en bieslook door de zure room en voeg dit
mengsel toe aan de salade. Schep voorzichtig de plakjes
banaan erdoor en breng het geheel op smaak met kerriepoeder.

Aardappel-wortelsalade

(maaltijdsalade; 4-6 porties)

750 g aardappels (geen afkokers)
karwijzaad
750 g worteltjes, schoongemaakt
selderiezout
1 theelepel suiker
1/2 struik krulandijvie, schoongemaakt en in reepjes gesneden
2 eetlepels Italiaanse dressing
1 bosje fijngehakte peterselie
2 eetlepels margarine
2 eetlepels paneermeel
zout en peper

voor de dressing:
4 eetlepels mayonaise
6 eetlepels slagroom
1/2 theelepel zout
1/2 theelepel kruidenpeper
knoflookpoeder

Kook de aardappels in water met wat karwijzaad gaar. Pel ze en snijd ze - zodra ze een beetje zijn afgekoeld - in dunne plakjes. Kook de worteltjes in water met selderiezout en suiker gaar. Giet ze af en snijd ze in dunne plakjes.
Schep aardappelschijfjes en wortelplakjes in een kom door elkaar.
Meng voor de dressing de mayonaise met de half stijf geklopte slagroom, voeg de kruiderijen toe en schenk de massa over het aardappel-wortelmengsel. Schep alles door elkaar en laat de dressing even intrekken.
Doe de reepjes andijvie in een kom en schenk de Italiaanse dressing erover. Smelt de margarine en fruit hierin het paneermeel goudbruin. Schep de peterselie erdoor en breng het mengsel op smaak met zout en peper.
Schep de aardappel-wortelsalade in het midden van een ronde schaal, leg er een rand andijviesalade omheen en strooi het peterseliemengsel erover.

Aardappel-spruitjessalade

(maaltijdsalade; 4-6 porties)

750 g krieltjes
600 g diepvries spruitjes
2 struikjes witlof
1-2 uien, gepeld en in ringen gesneden
fijngehakte peterselie

voor de dressing:
1 kopje olie
1 eetlepel wijnazijn
1/2 theelepel zout
1/2 theelepel peper
nootmuskaat

Kook de krieltjes beetgaar. Pel de aardappeltjes en snijd ze in plakjes. Kook de spruitjes, laat ze uitlekken en meng ze in een kom door de aardappels.

Verwijder de buitenste bladeren van de struikjes witlof, was ze, laat ze uitlekken en houd ze apart. Was de rest van het witlof en snijd de struikjes in dunne reepjes. Voeg de reepjes witlof bij het aardappel-spruitjesmengsel.

Bereid een dressing van olie, azijn, zout, peper en nootmuskaat en schenk deze over de salade. Schep alles voorzichtig om en laat de dressing even intrekken.

Schik de achtergehouden blaadjes witlof op een ronde schaal en schep de salade erop. Garneer het geheel met uiringen met daarin een toefje peterselie.

Aardappel-avocadosalade

(maaltijdsalade; 4 porties)

1 kg krieltjes, geschrapt
2 groentebouillontabletten
1 avocado, geschild en in kleine stukjes gesneden
1 eetlepel citroensap
4 lente-uitjes
1/2 krop sla, gewassen en drooggedept

voor de dressing:
4 hardgekookte eieren
1/4 l yoghurt
1/8 l crème fraîche
1 teentje knoflook, gepeld en uitgeperst
6-8 eetlepels verse fijngehakte tuinkruiden
zout en peper
suiker

Pel voor de dressing de eieren. Snijd één ei in partjes. Hak de overige eieren grof.

Meng yoghurt, crème fraîche, knoflook en fijngehakte kruiden in een kom door elkaar. Roer de gehakte eieren erdoor en breng de dressing op smaak met zout, peper en een beetje suiker. Zet de dressing tot gebruik in de koelkast.

Kook de krielaardappeltjes gaar in water met daarin opgeloste bouillontabletten. Giet ze af en laat ze in een vergiet uitdampen.

Besprenkel de stukjes avocado met citroensap. Snijd het groen van de lente-uitjes klein en snipper het ui-wit.

Snijd de afgekoelde krieltjes in plakjes en doe ze in een kom. Voeg lente-ui (wit) en avocadoblokjes toe, schenk de kruidensaus erover en schep alles voorzichtig door elkaar. Serveer de salade op een met slabladeren bedekte schaal en garneer het geheel met partjes ei en het uigroen.

Hollandse salade

(maaltijdsalade; 4 porties)

500 g aardappels
3 rode appels, in plakjes gesneden
3 struikjes witlof, in dunne ringen gesneden
200 g belegen kaas, in reepjes gesneden
gehakte walnoten
voor de garnering: water- of tuinkers

voor de dressing:
1 teentje knoflook, gepeld en uitgeperst
2 eetlepels fijngehakte tuinkruiden
2 dl olie
1 dl azijn
1 theelepel mosterd
1 theelepel honing
zout en peper

Boen de aardappels schoon en kook ze in de schil beetgaar.
Snijd ze in plakjes en vermeng deze met appel en witlof.
Vermeng de ingrediënten voor de dressing. Schenk de
dressing over het aardappelmengsel.
Meng de kaas en de walnoten door de salade. Garneer het
geheel met water- of tuinkers.

Boerenkoolsalade met tarwekorrels en champignons

(maaltijdsalade; 2 porties)

100 g hele tarwekorrels
1 groentebouillonblokje
150 g boerenkool, fijngesneden
1 kleine ui, gepeld en fijngesnipperd
4 eetlepels zonnebloemolie
2 eetlepels grove mosterd
1 eetlepel azijn
1/2 eetlepel honing
1 theelepel tijm
zout en peper
100 g rookkaas, in blokjes gesneden
200 g champignons, afgeborsteld en in plakjes gesneden
2 theelepels kerriepoeder
enkele blaadjes krulandijvie

Spoel de tarwekorrels af onder koud stromend water en laat ze ten minste 8 uur in ruim water weken. Kook de tarwe in ruim water met bouillon in ca. 40 minuten net gaar. Kook de boerenkool in weinig water in ca. 25 minuten net gaar.
Roer ui, 3 eetlepels olie, mosterd, azijn, honing en tijm tot een dressing. Breng op smaak met zout en peper.
Giet de tarwekorrels en de boerenkool af en laat ze in een vergiet goed uitlekken en afkoelen. Doe tarwe en boerenkool in een kom en schep de dressing erdoor, alsmede de blokjes kaas.
Verhit 1 eetlepel olie in een koekepan en fruit hierin de plakjes champignon ca. 8 minuten. Voeg kerriepoeder, zout en peper toe en roer alles goed door elkaar.
Leg de gewassen en drooggeslagen blaadjes krulandijvie op een schaal. Schep de salade erop en verdeel de warme champignons erover.

Zuurkoolsalade met banaan en rookkaas

(maaltijdsalade; 2 porties)

200 g wijnzuurkool
1 rode appel, ontdaan van klokhuis en in kleine blokjes gesneden
1-2 eetlepels citroensap
1 grote banaan, gepeld en in plakjes gesneden
100 g rookkaas, in kleine dobbelsteentjes gesneden
1/2 krop sla
4 takjes fijngehakte peterselie

voor de dressing:
1 theelepel karwijzaad
2 eetlepels ciderazijn
1/2 theelepel pittige mosterd
1 eetlepel walnootolie
2 eetlepels maïskiemolie
zout en peper
suiker

Stamp de karwijzaadjes fijn in een vijzel. Vermeng in een kommetje azijn, mosterd en karwijzaad. Klop er lepel voor lepel de olie door en breng het geheel op smaak met zout, peper en een mespuntje suiker. Laat de dressing 1 uur rusten.
Trek de zuurkoolsliertjes uit elkaar en snijd ze in stukjes.
Besprenkel appel en banaan met citroensap. Was de slabladeren en sla ze droog.
Doe zuurkool, appel, banaan en kaas in een kom. Schenk de dressing erover en schep alles luchtig door elkaar.
Leg de slabladeren op twee borden, schep de salade erop en garneer het geheel met peterselie.

Kikkererwtensalade met tahoe

(maaltijdsalade; 4 porties)

1,2 kg gare (= 400 g ongekookte) kikkererwten
300 g tahoe
3 eetlepels geroosterde sesamzaadjes
2 bosjes waterkers

voor de dressing:
6 eetlepels olie
4 eetlepels sojasaus
2 eetlepels citroensap
ca. 21/2 cm geraspte gemberwortel
1 teentje knoflook, gepeld en uitgeperst
zout en peper

Laat de kikkererwten 6-8 uur weken (de kooktijd bedraagt 11/2-2 uur).
Snijd de tahoe in blokjes van 1 cm. Doe deze samen met de sesamzaadjes in een kom.
Vermeng de ingrediënten voor de dressing. Schep de dressing door de tahoe. Dek de kom af en zet deze ca. 1 uur op een koele plaats. Roer de kikkererwten erdoor.
Maak de waterkers schoon en verdeel deze in losse blaadjes. Meng de blaadjes door de salade.

Tempésalade met mango en kokos

(*maaltijdsalade; 2 porties*)

250 g sperziebonen, afgehaald
frituurolie
zout en peper
200 g tempé, gehalveerd en in dunne plakjes gesneden
75 g taugé
2 eetlepels sesamzaad
1 mango, geschild en in blokjes gesneden
3 eetlepels geraspte kokos

Kook de sperziebonen in weinig water met zout in ca. 20 minuten gaar. Spoel ze af onder koud stromend water en laat ze uitlekken.
Frituur de plakjes tempé in hete frituurolie goudbruin en knapperig. Laat ze op keukenpapier uitlekken en bestrooi ze met zout en peper.
Breng in een ketel wat water aan de kook. Doe de taugé in een vergiet en giet er kokend water over. Laat de taugé uitlekken.
Rooster de sesamzaadjes goudbruin in een droge koekepan. Laat ze op een bord afkoelen.
Schep sperziebonen, stukjes mango, kokos en taugé in een kom luchtig door elkaar. Doe de salade over op een schaal en strooi de sesamzaadjes en de tempé erover.

Salade met peultjes en feta

(maaltijdsalade; 2 porties)

300 g peultjes, gewassen en schoongemaakt
zout
125 g taugé
1 blik kidney beans (ca. 400 g)
1 mango
1 eetlepel citroensap
1 eetlepel olie
1/2 eetlepel (diepvries) dille
zout en peper
100 g feta, in stukjes gesneden

Breng de peultjes in een pan met water en zout aan de kook. Laat ze in ca. 5 minuten beetgaar worden. Spoel ze in een zeef onder koud stromend water af en laat ze vervolgens uitlekken.
Doe de taugé in een vergiet. Breng in een fluitketel ca. 1 liter water aan de kook. Giet het water over de taugé en spoel deze vervolgens af onder koud stromend water. Laat uitlekken.
Spoel de kidney beans af onder koud stromend water en laat ze uitlekken.
Vermeng peultjes, taugé en kidney beans in een slaschaal. Schil de mango en snijd de helft van het vruchtvlees in blokjes. Voeg de blokjes toe aan de salade. Pureer de rest van het vruchtvlees in een keukenmachine. Roer citroensap, olie, dille en 1 eetlepel water door de mangopuree. Breng op smaak met zout en peper.
Schep de dressing door de groenten en strooi de feta erover.

Courgettesalade met sperziebonen

(maaltijdsalade; 4 porties)

1/8 l groentebouillon
2 sjalotjes, gepeld en fijngesnipperd
1 theelepel scherpe mosterd
2 eetlepels kruidenazijn
zout en peper
suiker
4 eetlepels walnootolie
1 takje fijngehakt bonekruid
400 g courgette, in reepjes gesneden
400 g sperziebonen, afgehaald en in drieën gebroken
100 g fijngehakte walnoten

Breng de bouillon aan de kook, voeg de sjalotjes toe en laat ze ca. 5 minuten koken. Laat de bouillon wat afkoelen.
Doe de bouillon over in een mengkom, voeg mosterd, azijn, zout, peper en wat suiker toe. Klop het mengsel met een mixer tot een gladde marinade door de olie druppel voor druppel toe te voegen. Roer het bonekruid erdoor.
Doe de reepjes courgette in een slakom en schenk een deel van de marinade erover. Zet de kom tot gebruik in de koelkast.
Kook de sperzieboontjes in ruim water met zout beetgaar. Spoel ze af onder koud stromend water en laat ze uitlekken.
Schep de sperziebonen door het courgettemengsel. Voeg de resterende marinade toe en bestrooi het geheel met fijngehakte walnoten.

Aspergesalade met peultjes

(maaltijdsalade; 4 porties)

600 g peultjes
600 g verse asperges
2 eierdooiers
4 eetlepels citroensap
1/2 theelepel mosterd
kruidenzout
peper uit de molen
4 eetlepels tuinkers

Kook de peultjes in 5-10 minuten beetgaar en spoel ze vervolgens af onder koud stromend water.
Schil de asperges en kook ze in ca. 10 minuten gaar. Laat ze uitlekken.
Roer de eierdooiers met citroensap, mosterd en wat aspergekookvocht tot een sausje en breng het geheel op smaak met kruidenzout en peper.
Schep peultjes en asperges luchtig door elkaar en schenk de dressing erover. Bestrooi de salade met tuinkers.

Salade van tuinboontjes met kruidenkaas

(maaltijdsalade; 4 porties)

11/2 kg jonge tuinbonen
zout
4 takjes bonekruid
2 vleestomaten, ontveld en kleingesneden
200 g kruidenkaas, in kleine blokjes gesneden
1/2 krop ijsbergsla

voor de dressing:
1/8 l slagroom
2 eetlepels mayonaise
2 eetlepels ciderazijn
1/2 theelepel mosterd
zout en peper
1/2 theelepel fijngehakt bonekruid

Klop voor de dressing de slagroom enigszins stijf. Vermeng de room in een kom met mayonaise, azijn en mosterd. Breng op smaak met zout en peper en roer het bonekruid erdoor.

Dop de tuinbonen en kook ze 5-10 minuten in water met wat zout en een takje bonekruid. Spoel de bonen af onder koud stromend water en verwijder het grijs-groene velletje.

Was de sla en sla de bladeren droog.

Vermeng tuinboontjes, tomaten en kaasblokjes met de helft van de dressing en schep het mengsel in een met slabladeren beklede slakom. Schenk de resterende dressing erover en garneer de salade met takjes bonekruid.

Paprika-komkommersalade

(maaltijdsalade; 4-6 porties)

6 paprika's in verschillende kleuren, schoongemaakt en in reepjes
gesneden
2 komkommers, geschild, ontpit en in dunne plakjes gesneden
300 g maïskorrels (uit blik), uitgelekt
200 g Mon Chou, verkruimeld
20 zwarte olijven, ontpit

voor de dressing:
1 dl azijn
2 eetlepels witte basterdsuiker
ca. 2 dl olijfolie
tabasco
zout
ca. 1 eetlepel paprikapoeder
1/4 theelepel cayennepeper

Kook de paprika's in ruim kokend water met wat zout gedurende 2 minuten. Doe de paprika's in een vergiet, laat ze
onder koud stromend water afkoelen en daarna goed uitlekken.
Roer in een grote slakom een dressing van azijn,
basterdsuiker, olie, enkele druppels tabasco, zout, paprikapoeder en cayennepeper.
Schep paprika, komkommer, maïs, roomkaas en olijven
luchtig door de dressing.
Dek de kom af en laat de salade ca. 1 uur op een koele
plaats rusten.

Asperge-tuinbonensalade

(maaltijdsalade; 3 porties)

500 g witte asperges, schoongemaakt
2 eetlepels olijfolie
zout en peper
1 kg jonge tuinbonen, gedopt
200 g jong belegen Leidse kaas, in dobbelsteentjes gesneden
fijngehakte kervel

voor de dressing:
1 bosje fijngehakte peterselie
1/2 teentje knoflook, uitgeperst
1 stukje Spaanse peper, heel fijn gesneden
2 eetlepels witte-wijnazijn
6 eetlepels olijfolie
zout en peper

Snijd de asperges ca. 6 cm onder het kopje in tweeën. Kook de kopjes 8-10 minuten in water met wat zout en laat ze uitlekken en afkoelen in een zeef. Schaaf de stengels in dunne sliertjes. Roerbak de sliertjes in ca. 5 minuten beetgaar in hete olijfolie. Bestrooi ze met zout en peper en laat ze afkoelen.
Kook de tuinbonen in 8-10 minuten beetgaar in water met wat zout. Spoel ze af onder koud stromend water en laat ze uitlekken en afkoelen in een zeef.
Roer een sausje van peterselie, knoflook, Spaanse peper, azijn, olie, zout en peper.
Vermeng in een kom de tuinboontjes met de kaasblokjes, voeg een paar eetlepels dressing toe en schep alles goed door elkaar.
Schik de aspergesliertjes in een krans in het midden van de borden, schep de tuinboonsalade in het midden, schep de resterende dressing erover en garneer de salade met aspergekopjes en fijngehakte kervel.

GROENTESCHOTELS

Bloemkoolsoufflé

(4 porties)

1 bloemkool, in roosjes verdeeld
2 tomaten, gewassen en in plakken gesneden
30 g margarine
2 eetlepels bloem
21/2 dl melk
2 eieren
50 g geraspte kaas
2 eetlepels paneermeel
zout en peper
fijngehakte peterselie

Kook de bloemkoolroosjes in ruim water met zout in ca. 10 minuten gaar.

Beboter een ovenschaal en schik daarin de bloemkoolroosjes en de plakjes tomaat.

Smelt de margarine en roer de bloem erdoor. Schenk de helft van de melk erbij en breng de massa al roerend aan de kook. Voeg de rest van de melk al roerend scheutje voor scheutje toe tot een gladde saus ontstaat.

Splits de eieren en roer de eierdooiers los met een deel van de hete saus. Doe het mengsel terug in de pan. Roer de kaas erdoor en breng het geheel op smaak met zout en peper.

Klop de eiwitten stijf en spatel die door de saus. Schenk de saus over de groenten in de ovenschaal. Bestrooi het geheel met paneermeel.

Zet de schaal in het midden van de tot 175°C voorverwarmde oven en laat het gerecht in 20-30 minuten goudbruin en gaar worden. Bestrooi de schotel met fijngehakte peterselie.

Stamppot prei met noten en kaas

(4 porties)

1 kg aardappels, geschild en in grove stukken gesneden
margarine
1 ui, gepeld en fijngesnipperd
100 g fijngehakte walnoten
1/2 theelepel kerriepoeder
1 kg prei, in dunne ringen gesneden
zout en peper
250 g jong belegen kaas, in blokjes gesneden
melk

Kook de aardappels in weinig water met zout in ca. 20 minuten gaar.
Verhit wat margarine in een pan en fruit daarin de ui lichtgeel. Voeg noten en kerriepoeder toe en laat deze even meebakken. Voeg de preiringen toe, bestrooi ze met wat zout en peper en laat ze een paar minuten meebakken. Voeg tot slot de blokjes kaas toe en bak deze ook even mee. Verhit een beetje melk in een steelpan. Giet de aardappels af en stamp ze fijn met de melk. Roer er een klontje margarine en wat peper door. Schep het preimengsel door de puree. Doe de massa over in een schaal en dien direct op.

Gegratineerde boerenkool met kwark

(2 porties)

400 g gesneden boerenkool
1 eetlepel margarine
1 ui, gepeld en fijngesnipperd
2 eetlepels rozijnen
1 eetlepel azijn
zout en peper
225 g magere kwark
150 g geraspte belegen Goudse kaas met komijn

Breng de boerenkool in een pan met wat water aan de kook en laat de groente op een zacht vuur in ca. 5 minuten slinken.
Verhit de margarine en fruit de ui daarin ca. 3 minuten.
Laat de boerenkool in een vergiet uitlekken. Schep de boerenkool en de rozijnen door de ui. Breng het geheel op smaak met azijn, zout en peper.
Roer in een kom de kwark en de helft van de kaas door elkaar.
Beboter een ovenschaal (ca. 1 l) en schep de helft van de boerenkool erin. Verdeel daarover de helft van het kwarkmengsel. Schep de rest van de boerenkool erop en dek af met het resterende kwarkmengsel. Bestrooi de schotel met de rest van de kaas.
Laat het gerecht in het midden van de tot 200°C voorverwarmde oven in ca. 25 minuten gaar en goudbruin worden.

Slastamppot met pittige champignons

(4 porties)

11/2 kg aardappels
2 kroppen sla
1 ui, gepeld en fijngesnipperd
1 bakje champignons, afgeborsteld en in plakjes gesneden
25 g margarine
3 theelepels chilipoeder
ca. 3 dl melk
3 eetlepels currygewürzsaus
zout en peper

Schil de aardappels en kook ze in een pan met weinig water en zout in ca. 25 minuten gaar. Snijd de gewassen en goed uitgelekte sla in repen.
Verhit de margarine in een braadpan en fruit daarin de ui. Schep champignons en chilipoeder erdoor en laat alles ca. 5 minuten bakken tot het vocht is verdampt.
Giet de aardappels af en stamp ze fijn. Voeg al roerend zoveel melk toe dat een stevige puree ontstaat. Schep de reepjes sla, het champignonmengsel en de currygewürzsaus erdoor.
Verwarm de stamppot onder voortdurend roeren op een zacht vuur. Breng op smaak met zout en peper.

Bloemkoolpuree met radijs

(4 porties)

1 bloemkool, schoongemaakt en in kleine roosjes verdeeld
2 aardappels, geschild en in stukken gesneden
zout
1 eetlepel margarine
1 eetlepel maïzena
100 g geraspte oude kaas
1 bosje radijs, schoongemaakt (3/4 deel kleingesneden; 1/4 deel in plakjes gesneden)
2 eetlepels fijngehakte peterselie
peper uit de molen

Kook de bloemkool en de aardappels in één pan in water met wat zout in ca. 20 minuten gaar. Giet ze af in een vergiet, laat ze goed uitlekken en doe ze terug in de pan. Pureer bloemkool en aardappels. Roer margarine, maïzena en kaas door de puree. Verwarm het geheel al roerend op een laag vuur.
Roer de stukjes radijs en de peterselie door de stamppot en breng het geheel op smaak met zout en peper.
Doe de stamppot over in een voorverwarmde schaal en garneer het gerecht met plakjes radijs.

Andijviestamppot met gebakken komijnekaas

(2 porties)

1 ei
4 eetlepels paneermeel
2 plakken komijnekaas (à 100 g)
3 dl melk
2 theelepels kruidenbouillonpoeder
1 zakje aardappelpuree
50 g margarine
200 g panklare andijvie
1 rode paprika, schoongemaakt en in kleine stukjes gesneden
zout en peper

Klop in een diep bord het ei los. Strooi op een ander bord het paneermeel. Wentel de plakken kaas eerst door het ei en dan door het paneermeel.
Bereid in een pan met melk, water en kruidenbouillonpoeder aardappelpuree volgens de gebruiksaanwijzing op de verpakking.
Schep 1 eetlepel margarine en de andijvie door de puree. Laat de stamppot op een laag vuur al omscheppend door en door warm worden.
Verhit in een koekepan de rest van de margarine. Leg aan één kant van de pan de plakken kaas en aan de andere de paprika. Bak de plakken kaas in ca. 3 minuten goudbruin (halverwege de baktijd keren).
Bak de paprika ca. 3 minuten en schep de stukjes door de andijviestamppot. Breng de stamppot op smaak met zout en peper.
Verdeel de stamppot over twee borden en geef de plakken kaas erbij.

Zuurkoolschotel met kaas

(4 porties)

1 ui, gepeld en fijngesnipperd
15 g margarine
1 teentje knoflook, gepeld en uitgeperst
1 rode paprika, schoongemaakt en in blokjes gesneden
70 g tomatenpuree
750 g zuurkool, uitgelekt en losgehaald
1 appel, geschild, ontdaan van klokhuis en in blokjes gesneden
175 g ananasblokjes (sap bewaren)
3 eetlepels rozijnen
150 g Leidse kaas, in plakken gesneden
150 g belegen Goudse kaas, in plakken gesneden
300 g gare zilvervliesrijst
1 bekertje zure room
paprikapoeder

Verhit de margarine in een flinke pan en fruit daarin ui en knoflook goudgeel.

Voeg paprika en tomatenpuree toe en vervolgens zuurkool, appel, ananasblokjes en rozijnen. (Als het geheel iets te droog is, schenk er dan wat ananassap bij.)

Beboter een royale ovenschaal en leg op de bodem een laag zuurkoolmengsel, daarop de Leidse kaas, dan de helft van de rijst, de rest van de zuurkool, de plakken Goudse kaas en de andere helft van de rijst.

Klop de zure room los met paprikapoeder en verdeel dit mengsel over het gerecht. Dek de schaal af met aluminiumfolie.

Plaats de schaal in het midden van de tot 200°C voorverwarmde oven en bak het gerecht in ca. 45 minuten gaar, waarvan de laatste 10 minuten zonder aluminiumfolie.

Aubergine-bonenschotel

(4 porties)

500 g aubergine, in plakken van ca. 1/2 cm gesneden
zout
2 preien, in dunne ringen gesneden
30 g margarine
2 teentjes knoflook, gepeld en uitgeperst
ca. 800 g witte bonen in tomatensaus (uit blik of pot)
2 theelepels Italiaanse keukenkruiden
tabasco
ca. 5 eetlepels olie
2 eieren
1 eetlepel melk
150 g Maaslander kaas, in kleine blokjes gesneden

Leg de plakken aubergine in een vergiet en bestrooi beide kanten met wat zout. Dek de plakken af met bijvoorbeeld een bord en zet daar iets zwaars op, zodat ze vocht kwijtraken (ca. 30 minuten).
Verhit de margarine in een koekepan en bak hierin de prei al roerend ca. 5 minuten. Voeg knoflook toe en laat deze even meebakken.
Doe de bonen met tomatensaus in een kom en schep de prei erdoor. Breng het geheel op smaak met keukenkruiden en een paar druppels tabasco.
Dep de plakken aubergine droog met keukenpapier.
Verhit wat olie in een grote koekepan en bak de plakken aubergine in gedeelten aan beide kanten snel lichtbruin. Doe, indien nodig, steeds wat nieuwe olie in de pan. Laat de plakken aubergine uitlekken op keukenpapier.
Verdeel de helft van de plakken over de bodem van een ovenschaal, schep het bonenmengsel erop en verdeel daarover de andere helft van de plakken aubergine.
Klop de eieren los met melk en schenk het mengsel over het gerecht. Strooi de kaas erover.
Plaats het gerecht in het midden van de tot 175°C voorverwarmde oven en laat het in ca. 35 minuten lichtbruin en door en door warm worden.

Gebakken Chinese kool met seroendeng

(2 porties)

2 eetlepels olie
1/2 Chinese kool, in reepjes gesneden
2 eetlepels seroendeng

Verhit de olie in een braadpan en bak hierin de helft van de kool al omscheppend ca. 3 minuten.
Schep de kool in een voorverwarmde schaal.
Bak de rest van de kool op dezelfde wijze en doe deze ook in de schaal. Bestrooi het geheel met seroendeng.

Groentestoofschotel met maïs

(4 porties)

2 eetlepels olie
ca. 15 lente-uitjes, schoongemaakt (heel laten)
1 prei, in ringen gesneden
2 rode paprika's, schoongemaakt en in reepjes gesneden
250 g broccoli, in roosjes verdeeld
250 g sperziebonen, afgehaald en in stukjes gebroken
3 maïskolven (iedere kolf in 5 stukken gesneden)
2 tomaten, gewassen en kleingesneden
8 dl groentebouillon
250 g kleine champignons, afgeborsteld (heel laten)
zout en peper
paprikapoeder
1 eierdooier
1 dl melk

Verhit de olie in een grote pan en fruit daarin uitjes, prei en paprika al omscheppend ca. 3 minuten.
Voeg broccoli, sperziebonen, maïskolven en tomaten toe en schep alles goed door elkaar.
Schenk de groentebouillon erbij. Breng het geheel aan de kook, doe het deksel op de pan en laat het gerecht op een laag vuur ca. 15 minuten stoven.
Voeg de laatste 5 minuten van de stooftijd de champignons toe. Breng het gerecht op smaak met zout, peper en paprikapoeder.
Roer in een kommetje de eierdooier los met de melk. Neem de pan met het groentemengsel van het vuur en roer het eiermengsel erdoor.

Groentencurry met kokos-yoghurtsaus

(4 porties)

1 kruidenbouillontablet
200 g sperziebonen, afgehaald en gebroken
1 kleine winterwortel, geschrapt en in dunne plakjes gesneden
2 middelgrote aardappels, geschild en in kleine blokjes gesneden
150 g diepvries doperwten
1 courgette, in de lengte gehalveerd en in plakjes gesneden
75 g gemalen kokos
3 theelepels chilipoeder
2 theelepels koenjit
2 theelepels djintan
21/2 dl roeryoghurt
1 bekertje crème fraîche
2 eetlepels olie
1 ui, gepeld en fijngesnipperd
1 eetlepel grove mosterd
2 onrijpe bananen, gepeld en in plakjes gesneden
zout
4 takjes fijngehakte bladselderie

Breng in een pan wat water (ca. 11/2 dl) met het kruiden-
tablet aan de kook. Voeg sperziebonen, wortel en aardappel toe en laat alles ca. 6 minuten koken.
Voeg doperwten en courgette toe en laat ze ca. 2 minuten
meekoken.
Giet de groenten af en houd ca. 1 dl kookvocht achter.
Roer in een kommetje kokos, chilipoeder, koenjit, djintan,
yoghurt en crème fraîche tot een sausje.
Verhit de olie in een braadpan en bak hierin ui en mosterd
ca. 2 minuten op een laag vuur. Voeg het yoghurtsausje,
het achtergehouden groentenat en de groenten toe en laat
alles ca. 5 minuten zachtjes stoven.
Voeg de plakjes banaan toe en laat ze 2 minuten zachtjes
meestoven. Breng het gerecht op smaak met zout en
garneer het met selderie.

Groenteschotel met gepocheerd ei

(4 porties)

2 groene paprika's, schoongemaakt en kleingesneden
1 aubergine, schoongemaakt en kleingesneden
2 courgettes, schoongemaakt en kleingesneden
4 tomaten, gewassen en kleingesneden
2 uien, gepeld en fijngesnipperd
1 teentje knoflook, gepeld en uitgeperst
4 eetlepels olijfolie
1 klein blikje maïskorrels, uitgelekt
zout en peper
2 eetlepels vruchtenazijn
8 eieren
1 bosje fijngehakt basilicum

Verhit de olie in een pan en fruit daarin paprika, aubergine, courgette, tomaat, ui en knoflook. Voeg de uitgelekte maïskorrels toe en laat alles ca. 10 minuten zachtjes pruttelen. Breng op smaak met zout en peper.
Breng 1 liter water in een brede pan met azijn en zout aan de kook. Breek de eieren voorzichtig boven het water en laat ze in ca. 3 minuten stollen. Neem de eieren met een schuimspaan uit de pan en laat ze uitlekken.
Verdeel het groentemengsel over vier borden. Leg er telkens twee gepocheerde eieren op en bestrooi het gerecht met basilicum.

Gefrituurde groenten met bieslooksaus

(4 porties)

100 g bloem
1 ei
1 sjalotje, gepeld en fijngesnipperd
25 g margarine
1 dl witte wijn
1 bekertje crème fraîche
zout en peper
3 eetlepels fijngeknipt bieslook
1 winterwortel, geschrapt en in flinke repen gesneden
2 groten uien, gepeld en in ringen gesneden
olie om te frituren
20 versgekookte spruitjes

Roer in een kom een glad beslag van gezeefde bloem, ei en 1 dl water.
Verhit de margarine in een steelpannetje en bak het sjalotje daarin glazig. Voeg de wijn toe en laat deze op een hoog vuur tot de helft inkoken.
Schenk het warme vocht al roerend bij de crème fraîche. Doe het mengsel terug in de steelpan en breng het opnieuw aan de kook. Laat de saus ca. 5 minuten goed doorkoken. Breng op smaak met zout en peper. Roer het bieslook erdoor.
Verhit de olie tot ca. 190°C. Haal de groenten door het beslag en fruit ze in de hete olie goudbruin. Laat ze uitlekken op keukenpapier. Serveer de saus erbij.

Broccoli-wortelschotel

(4 porties)

2 uien, gepeld en kleingesneden
250 g worteltjes, geschrapt, in de lengte in vieren en vervolgens
in kleine stukjes gesneden
600 g broccoli, in roosjes verdeeld (de stronkjes geschild en in
stukjes gesneden)
30 g margarine
20 g kappertjes (uit een potje)
3/8 l groentebouillon
3 eetlepels bindmiddel voor sauzen
2 eierdooiers
125 g zure room
zout en peper
suiker

Verhit de margarine en fruit daarin de ui. Voeg wortel en broccolistronkjes toe, doe het deksel op de pan en laat alles in 8-10 minuten gaar worden.
Laat de kappertjes uitlekken. Kook de broccoliroosjes in de bouillon in 5-8 minuten gaar. Laat de roosjes uitlekken. Voeg de bouillon en de kappertjes bij het wortelmengsel. Breng de bouillon aan de kook, voeg het bindmiddel toe en laat alles even aan de kook komen.
Klop de eierdooiers los met zure room en schenk dit mengsel bij de groenten. Niet meer laten koken. Breng op smaak met zout, peper en een beetje suiker. Schenk het groentemengsel over de broccoliroosjes.

Tofu-wortelschotel

(4 porties)

500 g worteltjes, geschrapt en in plakjes gesneden
2 groene en 2 rode paprika's, schoongemaakt en kleingesneden
4 eetlepels olie
3 sjalotjes, gepeld en fijngesnipperd
400-500 g tofu, in blokjes gesneden
kruidenzout en peper
1 bosje fijngehakte peterselie
3 takjes fijngehakt basilicum

Verhit 2 eetlepels olie in een pan en fruit daarin de groenten 10-15 minuten. Blus het geheel met wat water.
Bak in een andere plan sjalot en tofublokjes in 2 eetlepels olie goudbruin.
Meng de groenten met de tofu en breng het geheel op smaak met kruidenzout en peper. Garneer het gerecht met de kruiden.

Broccoligratin met rode bietjes

(4 porties)

300-400 g rode bietjes
900 g broccoli, in roosjes verdeeld, stronkjes kleingesneden
zout
nootmuskaat
100 g haverschroot
120 g grof gehakte amandelen
1 teentje knoflook, gepeld en uitgeperst
olie
kruidenzout
peper uit de molen
150 g geraspte emmentaler

Kook de bietjes in kokend water in 40-60 minuten gaar.
Spoel ze af onder koud stromend water, schil ze en snijd ze
in dunne plakjes.
Kook de broccoli in een andere pan in kokend water met
zout en nootmuskaat in 10-20 minuten gaar.
Rooster haverschroot, 70 g amandelen en knoflook in een
droge koekepan.
Vet een ovenschaal in en leg de bietjes erin. Strooi er
kruidenzout en peper over.
Schep de broccoli door het havermengsel en verdeel het
broccoli-havermengsel over de bietjes. Bestrooi het geheel
met geraspte kaas en laat het gerecht in het midden van de
tot 200°C voorverwarmde oven bakken tot de kaas gesmolten is.

Tomatenpie

(4 porties)

8 sneetjes witbrood, ontkorst
2 eieren
2 dl melk
tabasco
zout en peper
margarine
4 grote tomaten, ontveld en in plakken gesneden
2 uien, gepeld en in ringen gesneden
fijngehakt basilicum
25 g geraspte kaas

Week de sneetjes brood in een mengsel van losgeklopte eieren, melk, enkele druppels tabasco, zout en peper.
Vet een ovenschaal dik in met margarine en leg een laag brood op de bodem. Verdeel daarover de tomaat en de ui.
Bestrooi de tomaten met basilicum en bedek het geheel met een laag brood en het overgebleven weekvocht. Bestrooi de schotel met geraspte kaas.
Zet de schaal in het midden van de tot 175°C voorverwarmde oven en laat het gerecht in 30-40 minuten gaar worden.

Uienschotel

(4 porties)

500 g kleine uien, gepeld en indien nodig gehalveerd
2 appels, geschild, ontdaan van klokhuis en in plakjes gesneden
2 eetlepels olie
zout
peper uit de molen
tijm
paprikapoeder
1 kopje tomatenketchup

Kook de uien in wat water met zout in ca. 15 minuten gaar.
Laat ze vervolgens in een zeef uitlekken (vang het kook-
vocht op).
Vet een ovenschaal in met olie en schep ui en appel erin.
Bestrooi het geheel met zout, peper, een mespunt ge-
droogde tijm en een mespunt paprikapoeder.
Roer de tomatenketchup los met een kopje kookvocht van
de uien. Schenk dit mengsel over de uien.
Laat het gerecht onder de voorverwarmde grill door en
door warm worden.

Gado-gado

(2 porties)

100 g diepvries sperziebonen
150 g Chinese kool, in reepjes van ca. 2 cm gesneden
100 g taugé
1/2 komkommer, in plakjes gesneden
2 eetlepels gefruite uitjes
2 hardgekookte eieren
1 groot stuk gebakken kroepoek

voor de saus:
5 eetlepels pindakaas met nootjes
1 eetlepel ketjap manis
2 eetlepels citroensap
1-2 theelepels sambal oelek

Kook de sperziebonen in een pan met ruim kokend water in ca. 10 minuten bijna gaar. Neem de sperziebonen uit de pan en spoel ze af met koud stromend water. Kook in hetzelfde kookvocht de Chinese kool ca. 4 minuten. Giet de kool af en spoel de reepjes af met koud stromend water. Laat de groenten goed uitlekken.

Doe de taugé in een vergiet en laat er heet water op lopen. Schik sperziebonen, kool en taugé op een schaal, leg de plakjes komkommer in het midden.

Verhit in een steelpan al roerend pindakaas met ketjap, citroensap en sambal. Roer er enkele druppels water door tot een dikke gebonden saus ontstaat. Schenk wat van de saus over de groenten. Doe de rest van de saus in een sauskom.

Garneer de schotel met in stukjes gebroken kroepoek, plakjes hardgekookt ei en gefruite uitjes.

Spinazie met rozijnen en pijnboompitten

(2 porties)

400 g verse spinazie
2 eetlepels zonnebloemolie
4 eetlepels rozijnen
4 eetlepels pijnboompitten
zout
peper uit de molen

Maak de spinazie schoon en snijd de groente in smalle reepjes. Blancheer de groente 30-40 seconden in kokend water.
Verhit de olie in een pan en fruit daarin rozijnen en pijnboompitten. Voeg de spinazie toe en bak de groente ca. 3 minuten mee. Breng het geheel op smaak met zout en peper.

Spinazieschotel

(4 porties)

1 kg spinazie
1 bosje fijngehakt basilicum
1 potje Hüttenkäse
zout en peper
6 eieren
1 bekertje zure room

Was de spinazie en laat de groente slinken in het aanhangende vocht. Meng het fijngehakte basilicum door de spinazie. Breng op smaak met zout en peper.
Beboter een ovenschaal en schep de helft van de spinazie erin. Bedek de spinazie met een laag Hüttenkäse. Schep daarop de rest van de spinazie. Schenk tot slot een mengsel van losgeklopte eieren, zure room, zout en peper erover.
Zet de schaal in het midden van de tot 175°C voorverwarmde oven en laat het gerecht in ca. 20 minuten gaar worden.

Gegratineerde spinazie met feta

(2 porties)

500 g spinazie
125 g feta, verkruimeld
1 ei
4 volkorenbeschuiten, verkruimeld
1/4 theelepel oregano
2 theelepels citroensap
peper uit de molen
25 g margarine

Kook de spinazie ca. 3 minuten op een matig vuur. Laat de groente goed uitlekken.
Schep de helft van de spinazie in een lage ovenschaal.
Meng feta, losgeklopt ei, 1 eetlepel beschuitkruim, oregano, citroensap en peper goed door elkaar en strooi dit mengsel over de spinazie in de schaal.
Verdeel de rest van de spinazie erover en strooi er tot slot het overgebleven beschuitkruim over.
Laat de margarine smelten (niet bruin laten worden) en besprenkel het gerecht ermee.
Plaats de schotel in het midden van de tot 225°C voorverwarmde oven en laat er in ca. 15 minuten een mooi bruin korstje op komen.

Aubergineschotel

(4 porties)

2 aubergines, in plakken gesneden
300 g verse roomkaas
fijngehakt basilicum
peper uit de molen
zout
4 tomaten, gewassen, ontveld en in plakken gesneden
fijngehakte peterselie

Bestrooi de plakken aubergine met zout en laat ze 1 uur staan. Spoel de plakken af en dep ze droog met keukenpapier.
Besmeer de plakken aubergine dik met roomkaas en leg ze dakpansgewijs in een ingevette ovenschaal. Bestrooi het geheel met basilicum, peper en zout. Leg de plakken tomaat erop.
Zet de schaal in het midden van de tot 175°C voorverwarmde oven en laat het gerecht in ca. 30 minuten gaar worden. Bestrooi de schotel met fijngehakte peterselie.

Courgetteschotel met tuinkruiden

(4 porties)

3 eetlepels margarine
1 bosje lente-uitjes, gepeld en in ringen gesneden
300 g worteltjes, geschrapt en in plakjes gesneden
750 g courgette, in plakjes gesneden
kruidenzout
peper uit de molen
wat fijngehakte bernage, dille, peterselie, citroenmelisse en pimpernel

Smelt de margarine en fruit daarin de lente-uitjes glazig. Voeg plakjes wortel en courgette toe, alsmede wat water en laat alles in 10-15 minuten gaar worden. Breng het gerecht op smaak met kruidenzout en peper. Garneer het met tuinkruiden.

Paksoi met hazelnootsaus

(4 porties)

1 kg paksoi
zout

voor de saus:
35 g margarine
35 g bloem of volkorenmeel
11/2 dl kookvocht
11/2 dl melk
zout en peper
1 theelepel mosterd
3 eetlepels fijngehakte hazelnoten

Was de struik paksoi in zijn geheel en kook de groente in
water met zout in 7-10 minuten beetgaar. Laat de groente
uitlekken (vang het kookvocht op).
Smelt de margarine in een pan, voeg bloem of meel toe en
schenk scheutje voor scheutje het kookvocht van de paksoi
en de melk erbij. Roer tot een gladde saus is verkregen.
Breng de saus op smaak met zout, peper en mosterd.
Rooster de hazelnoten in een droge koekepan goudbruin.
Leg de paksoi in een schaal, schenk de saus erover en bestrooi het geheel met hazelnoten.

Gevulde selderieknol

(2 porties)

150 g linzen, gewassen
1 knolselderie, geschild en overdwars doormidden gesneden
1 ui, gepeld en kleingesneden
1/2 bakje champignons, afgeborsteld en in plakjes gesneden
1 flinke appel, geschild, ontdaan van klokhuis en in stukjes ge-
sneden
zout en peper
2 eetlepels olie
1 eetlepel mosterd

Kook de linzen in 7 dl water in ca. 40 minuten gaar.
Kook in een andere pan de knolselderiehelften in water met zout in ca. 20 minuten gaar.
Verwarm de olie in een koekepan en fruit daarin de uien, de champignons en de appel.
Giet de linzen af (bewaar het kookvocht). Schep de linzen in de koekepan, roer alles goed door en voeg zoveel kookvocht toe tot een smeuïg geheel ontstaat.
Neem de knolselderiehelften uit de pan en hol ze met een lepel uit. Snijd de uitgeschepte knolselderie klein en roer dit door het linzenmengsel. Breng het geheel op smaak met zout, peper en mosterd.
Zet de knolselderiehelften op een warme schaal en vul ze met het mengsel.

Bleekselderie met kerrie en rozijnen

(2 porties)

2 eetlepels olie
1 ui, gepeld en fijngesnipperd
1 eetlepel kerriepoeder
1 struik bleekselderie, schoongemaakt en in stukjes gesneden
2 eetlepels rozijnen, gewassen
1 theelepel kruidenbouillonpoeder
1/8 blokje santen (of 1 eetlepel santenmix)
fijngehakt selderieblad

Verhit de olie in een braadpan en fruit hierin de ui met kerriepoeder ca. 2 minuten.
Schep bleekselderie en rozijnen door het uimengsel. Voeg 11/2 dl water, bouillonpoeder en santen toe.
Stoof het gerecht in een afgesloten pan op een laag vuur in ca. 10 minuten gaar.
Garneer de schotel met selderieblad.

Artisjokschotel met boekweit

(4 porties)

12 dwerg-artisjokken (ca. 250 g)
citroensap
4 eetlepels olie
4 kleine salieblaadjes
1/2 eetlepel koriander, gekneusd
100 g boekweit
1/2 l groentebouillon
zout
1 teentje knoflook, gepeld en uitgeperst
200 g champignons, afgeborsteld en gehalveerd
100 g kerstomaatjes, gewassen en gehalveerd
1 zakje waterkers, gewassen
peper uit de molen

Verwijder de onderste blaadjes van de artisjokken. Snijd de steel weg en knip de bruine punten van de blaadjes. Besprenkel de snijvlakken direct met citroensap. Halveer de artisjokken.

Verhit 3 eetlepels olie in een grote pan. Voeg salieblaadjes en koriander toe. Leg de artisjokken met het snijvlak in de olie en laat ze zachtjes bakken.

Voeg de boekweit toe en laat deze even meefruiten. Schenk 3/8 liter bouillon erbij, doe het deksel op de pan en laat alles in 20-25 minuten gaar worden. Breng op smaak met zout en knoflook.

Schuif boekweit en artisjokken naar de rand van de pan. Doe 1 eetlepel olie in het midden en fruit daarin de champignons. Voeg de kerstomaatjes en de rest van de bouillon toe en breng het geheel op smaak met peper.

Schep de waterkers erdoor, doe het deksel op de pan en laat het gerecht nog een paar minuten doorpruttelen.

Schorseneren met gember

(2 porties)

2 eetlepels olie
2 cm gemberwortel, geschild en geraspt
500 g schorseneren, schoongeboend en in stukken van ca. 4 cm
gesneden
1 theelepel groentebouillonpoeder
1 eetlepel bakgember
1 eetlepel sojasaus

Verhit in een braadpan de olie en fruit hierin even de gemberwortel.
Voeg de schorseneren toe en bak ze al omscheppend ca. 2 minuten mee. Doe vervolgens 1 dl water, groentebouillon-poeder, bakgember en sojasaus in de pan.
Doe het deksel op de pan en stoof het gerecht op een laag vuur in ca. 5 minuten gaar.

Gekookte radijs met kervelsaus

(4 porties)

4 bosjes radijs, schoongemaakt
21/2 dl groentebouillon

voor de saus:
25 g margarine
25 g bloem
21/2 dl kookvocht
(koffie)room
3 eetlepels fijngehakte kervel

Kook de radijsjes in 8-10 minuten gaar in de groentebouillon. Laat de radijsjes uitlekken (vang het kookvocht
op).
Smelt de margarine, voeg de bloem en scheutje voor
scheutje het kookvocht toe en roer alles tot een gladde
saus. Neem de pan van het vuur en roer een scheut room
door de saus. Roer er tot slot de fijngehakte kervel door.
Doe de radijsjes in de saus en warm alles nog even goed
door.

Wortelreepjes met rozijnen

(2 porties)

1 eetlepel rozijnen
40 g margarine
1/2 eetlepel suiker
2 winterwortels, geschrapt en in reepjes van ca. 6 cm gesneden
kerriepoeder
zout en peper

Week de rozijnen 15 minuten in heet water.
Smelt 25 g margarine, voeg de suiker toe en laat deze smelten. Voeg de rozijnen toe en smoor ze in ca. 5 minuten gaar op een matig vuur. Breng op smaak met kerriepoeder, zout en peper.
Smelt de rest van de margarine en verwarm de wortelreepjes ca. 2 minuten hierin. Schep de ingrediënten uit de pannen en roer ze door elkaar.

Wortels met taugé

(2 porties)

1/2 zakje gedroogde bamigroenten
3 eieren
3 eetlepels melk
zout
sambal
1 eetlepel plantaardige olie
150 g sperziebonen, afgehaald en in stukjes van 2 cm gesneden
150 g worteltjes, geschrapt en in stukjes van 2 cm gesneden
1 teentje knoflook, gepeld en uitgeperst
20 g margarine
peper
1 eetlepel ketjap

Week de bamigroenten. Klop de eieren los met melk, zout en sambal.
Verhit de olie in een pan en bak sperziebonen, wortels en knoflook ca. 4 minuten. Voeg de bamigroenten toe, doe het deksel op de pan en smoor alles in 6 minuten gaar.
Verhit de margarine en bak een omelet van het eiermengsel. Snijd de omelet in reepjes. Schep de reepjes door het groentemengsel en verwarm ze even mee. Breng het gerecht op smaak met peper, zout en ketjap.

Wortels met soja en sesamzaad

(2 porties)

300 g winterwortels, geschrapt en in schuine plakken gesneden
1 eetlepel sesamzaadjes
15 g margarine
1 theelepel suiker
1 eetlepel sojasaus

Rooster de sesamzaadjes in een droge koekepan lichtbruin. Smelt de margarine in een braadpan en voeg de wortels en de suiker toe. Zet het vuur hoog en schep de wortels enkele malen om tot ze glanzend zijn. Zet het vuur vervolgens laag en laat de wortels in 15-20 minuten gaar smoren. (De wortels mogen niet bruin kleuren; voeg zo nodig wat water toe.)
Roer de sojasaus door de wortels en bestrooi het geheel met sesamzaadjes.

Broccoli met appel-kerriesaus

(*4 porties*)

750 g broccoli, in roosjes verdeeld (de stronkjes in plakjes gesneden)
zout
1 eetlepel maïzena
1 theelepel kerriepoeder
1/2 theelepel oregano
2 eetlepels melk
11/4 dl yoghurt (op kamertemperatuur)
1 zoetzure appel, geschild en geraspt

Kook de broccoli in ruim kokend water met zout in ca. 3 minuten beetgaar.
Doe maïzena, kerriepoeder, oregano en melk in een steelpan en roer er een glad sausje van.
Roer de yoghurt door het maïzenamengsel en breng het mengsel al roerend aan de kook.
Neem de steelpan van het vuur en roer de appel erdoor. Voeg eventueel wat zout toe.
Giet de broccoli af en doe de groente over in een voorverwarmde schaal. Schenk de saus over de broccoli.

Venkel met roquefortsaus

(2 porties)

1 grote venkelknol, schoongemaakt en in vieren gesneden (wat
mooi venkelgroen achterhouden)
zout
1 eetlepel citroensap
1/2 dl slagroom
50 g roquefort, verkruimeld
peper uit de molen

Kook de venkel in een pan met weinig water, zout en citroensap in ca. 15 minuten gaar.
Schenk de slagroom in een steelpan, voeg de roquefort toe
en verhit alles al roerend tot de kaas gesmolten is. Breng de
saus op smaak met peper.
Giet de venkel af en leg de stukken met de bolle kant naar
boven op een warme schaal. Schenk de kaassaus erover.
Garneer het gerecht met venkelgroen.

Gegratineerde venkel

(4 porties)

4 venkelknollen (ca. 1 kg), schoongemaakt
zout
3 sinaasappels
100 g margarine
3 eierdooiers
zwarte peper uit de molen
50 g veldsla, gewassen
1 sjalotje, gepeld en fijngesnipperd
3 eetlepels olijfolie
1 eetlepel kruidenazijn
voor de garnering: 8 walnoothelften

Doe de venkelknollen in een pan met kokend water en zout en laat ze 10-12 minuten koken. Neem ze met een schuimspaan uit het water en houd ze warm (bewaar het kookvocht).
Pers 2 sinaasappels uit en pel de derde en snijd deze in kleine stukjes.
Smelt de margarine. Vermeng in een kom de eierdooiers met 10 eetlepels sinaasappelsap. Zet de kom in het kookvocht van de venkelknollen en klop eierdooiers en sinaasappelsap tot een gladde massa. Klop de gesmolten margarine erdoor. Breng de saus op smaak met zout en peper.
Roer van sjalot, olie, azijn, peper en zout een slasausje.
Halveer de venkelknollen en leg ze op ovenvaste borden. Schenk de eiersaus erover. Zet ze 2-3 minuten onder de hete grill.
Schenk de slasaus over de veldsla en serveer deze bij de gegratineerde venkelknollen. Garneer het gerecht met stukjes sinaasappel en walnoot.

Zoetzure prei met Spaanse peper

(2 porties)

2 eetlepels olie
1 Spaanse peper, in de lengte doorgesneden, ontdaan van zaadjes
en in dunne reepjes gesneden
1 teentje knoflook, gepeld en uitgeperst
500 g prei, schoongemaakt en in ringen gesneden
2 eetlepels azijn
1 eetlepel suiker
1 eetlepel gembersiroop
1 eetlepel sojasaus
1 theelepel groentebouillonpoeder
3 takjes fijngehakte selderie

Verhit in een braadpan de olie en fruit hierin Spaanse peper en knoflook ca. 2 minuten. Bak de prei ca. 3 minuten
mee.
Voeg azijn, suiker, gembersiroop, sojasaus, bouillonpoeder
en 3/4 dl water toe en laat alles ca. 3 minuten zachtjes koken.
Doe de massa over in een schaal en strooi de selderie erover.

Gebakken prei met paddestoelen

(4 porties)

10 gedroogde Chinese paddestoelen
2 eetlepels olie
4 kleine preien, in stukjes gesneden
2 theelepels sojasaus
1 eetlepel droge sherry
1 theelepel sesamolie
zout

Verwijder de steeltjes (deze worden niet gebruikt) van de paddestoelen, was de hoedjes en laat ze ca. 30 minuten weken in warm water. Snijd de paddestoelhoedjes vervolgens in flinke stukken.
Verhit de olie in een pan en bak hierin paddestoelen en prei, al omscheppend, ca. 5 minuten tot alles bijna gaar is.
Doe sojasaus, sherry en sesamolie bij het paddestoel-preimengsel en laat het geheel al omscheppend nog ca. 2 minuten op een laag vuur zachtjes bakken.
Breng het gerecht op smaak met zout.

Rodekool met pruimen

(4 porties)

150 g gedroogde pruimen
2-3 dl appelsap
500 g gesneden rodekool
4 kruidnagels
1 laurierblaadje
1-11/2 eetlepel suiker
zout
2 theelepels maïzena

Laat de gewassen pruimen 5-10 minuten op een laag vuur
in het appelsap koken.
Kook in een andere pan de rodekool met de kruidnagels,
het laurierblaadje, de suiker en wat zout in een bodempje
water in ca. 20 minuten gaar.
Meng de pruimen en het appelsap door de rodekool en
verwarm deze even mee. Breng het geheel op smaak met
zout.
Roer de maïzena met wat water tot een glad papje en roer
dit door de kool. Laat alles nog 1-2 minuten doorkoken.

PEULVRUCHTEN

Linzen met champignons en uien

(4 porties)

350 g linzen
81/2 dl groentebouillon
3 uien, gepeld en fijngesnipperd
250 g champignons, afgeborsteld en in plakjes gesneden
4 eetlepels margarine
ca. 10 zilveruitjes
2 eetlepels fijngehakte peterselie
zout en peper

Doe de linzen met de groentebouillon in een pan en kook ze in ca. 45 minuten gaar. Laat ze vervolgens uitlekken.
Verhit de margarine in een pan en fruit hierin uien en champignons al omscheppend ca. 5 minuten. Voeg de uitgelekte linzen, de zilveruitjes en de peterselie toe en roer alles goed door elkaar. Breng het gerecht op smaak met zout en peper.

Linzenschotel met noten

(4 porties)

1 ui, gepeld en fijngesnipperd
1 eetlepel maïskiemolie
250 g rode linzen
25 g tarwebloem
1 theelepel groentebouillonpoeder
zout en peper
1 theelepel bonekruid
1 bosje fijngehakte peterselie
10 fijngeknipte sprieten bieslook
4 eieren
50 g zure room
50 g fijngehakte gemengde noten
75 g geraspte emmentaler
margarine

Verhit de olie en fruit daarin de ui glazig. Voeg linzen en bloem toe en roer alles stevig door elkaar. Schenk scheutje voor scheutje een halve liter water in de pan. Voeg groentebouillon, zout, peper en bonekruid toe. Breng het mengsel aan de kook, doe het deksel op de pan en laat alles in ca. 15 minuten op een laag vuur gaar worden. Laat het geheel vervolgens tot lauwwarm afkoelen.
Splits de eieren. Roer de eierdooiers, de fijngehakte tuinkruiden en de zure room door het linzenmengsel.
Sla de eiwitten stijf en spatel ze door het linzenmengsel. Vermeng de noten met de kaas en roer ook dit mengsel erdoor.
Doe de massa over in een ingevette ovenschaal en zet de schaal onder in de niet voorverwarmde oven. Laat het gerecht op 180°C ca. 45 minuten bakken.

Linzen met kruidenboter

(5 porties)

500 g linzen
zout
bouquet garni (1 ui met daarin 2 kruidnagels gestoken; 1 wortel;
1 teentje knoflook)
50 g margarine
sap van 1 citroen
3 eetlepels fijngehakte groene tuinkruiden
peper uit de molen

Week de linzen een nacht in ruim water met zout.
Voeg de volgende dag het samengebonden bouquet garni
toe en kook de linzen in ca. 40 minuten in het weekvocht
gaar. Laat ze in een vergiet uitlekken (vang het kookvocht
op).
Smelt de margarine, roer er citroensap, kruiden, zout en
peper door. Schep de linzen door dit mengsel, voeg wat
van het kookvocht toe en stoof het gerecht nog ca. 15 minuten na.

Rode-linzenschotel met tofu

(4 porties)

300 g tofu met kruiden
40 g margarine
2 uien, gepeld en fijngesnipperd
2 teentjes knoflook, gepeld en uitgeperst
200 g rode linzen
70 g tomatenpuree
1 l groentebouillon
zout en peper
cayennepeper
1 bosje lente-uitjes, schoongemaakt en in ringen gesneden
geraspte schil van 1 citroen
1 bosje fijngehakte peterselie

Snijd de tofu in blokjes. Verhit 20 g margarine in een braadpan en bak de blokjes daarin rondom bruin. Neem de blokjes uit de pan en houd ze apart.
Spoel de linzen af onder koud stromend water en laat ze uitlekken.
Doe de rest van de margarine in de pan. Fruit daarin ui en knoflook. Voeg de linzen toe en laat ze even meebakken. Voeg al roerend de tomatenpuree toe. Schenk de groentebouillon erbij en breng het geheel op smaak met zout, peper en cayennepeper. Laat de massa ca. 15 minuten koken. Voeg de lente-ui toe en laat deze ca. 10 minuten meekoken.
Voeg aan het eind van de kooktijd de blokjes tofu toe.
Garneer het gerecht met een mengsel van citroenrasp en peterselie.

Witte-bonenschotel

(2 porties)

4 eetlepels olie
2 kleine uien, gepeld en fijngesnipperd
2 kleine paprika's, schoongemaakt en in reepjes gesneden
2 eetlepels fijngehakte selderie
1 blik ontvelde tomaten
zout en peper
fijngehakte peterselie
1 blik (of pot) witte bonen

Verhit de olie en fruit daarin ui, paprika en selderie enkele minuten.
Voeg tomaten, zout, peper en peterselie toe en laat alles op een laag vuur ca. 30 minuten pruttelen.
Doe de uitgelekte witte bonen in de pan, roer alles goed door elkaar en laat het gerecht in ca. 10 minuten door en door warm worden.

Witte bonen met zuurkool

(4 porties)

250 g witte bonen
1 laurierblaadje
bonekruid
2 eetlepels olie
2 uien, gepeld en fijngesnipperd
1 theelepel kerriepoeder
500 g zuurkool, fijngesneden
*2 lichtzure appels, geschild, ontdaan van klokhuis en in stukjes
gesneden*
4 gedroogde vijgen, kleingesneden
4 jeneverbessen
ca. 21/2 dl appelsap
zout
1 theelepel maïzena
1 bekertje zure room

Was de bonen en laat ze 12 uur weken in 1 liter water.
Kook de bonen vervolgens in ca. 1 uur gaar in het weekwater met laurierblad en een mespunt bonekruid.
Verhit de olie en fruit de ui met kerriepoeder in ca. 3 minuten lichtbruin. Voeg zuurkool, appels, vijgen, jeneverbessen en appelsap toe. Breng het geheel aan de kook, doe
het deksel op de pan en laat alles 15 minuten zachtjes
doorkoken. Voeg tussentijds eventueel nog een scheutje
appelsap toe.
Voeg de uitgelekte witte bonen toe en verwarm alles nog 5
minuten. Breng op smaak met zout.
Roer de maïzena met wat water tot een glad papje en
schenk dit al roerend bij het gerecht. Geef de losgeklopte
zure room er apart bij.

Bonencurry met appel

(4 porties)

300 g gedroogde witte bonen
50 g margarine
2 theelepels kerriepoeder
1 ui, gepeld en fijngesnipperd
2 lichtzure appels, geschild, ontdaan van klokhuis en in blokjes
gesneden
50 g bloem
5 dl groentebouillon
zout en peper

Week de bonen een nacht in koud water. Kook ze de volgende dag in 45-60 minuten gaar in het weekvocht.
Verhit de margarine in een pan. Roer er kerriepoeder door en fruit dit eventjes. Voeg ui en appel toe en bak deze mee tot ze zacht zijn.
Roer de bloem door het mengsel en voeg scheutje voor scheutje de bouillon toe tot een gebonden saus ontstaat.
Schep de uitgelekte bonen door de saus, warm alles goed door en breng het gerecht op smaak met zout en peper.

Witte bonen in limoen-yoghurtsaus

(2 porties)

1 pot witte bonen (ca. 360 g)
1 zakje witte-sauspoeder
11/2 dl melk
1 dl slagroom
1 dl witte wijn
2 theelepels honing
1 theelepel groentebouillonpoeder
1/2 eetlepel kappertjes
1 limoen, afgeboend en in dunne plakjes gesneden
1/2 dl volle roeryoghurt
2 theelepels gedroogde dragon
zout en peper

Spoel de bonen af onder koud stromend water en laat ze uitlekken.

Maak van sauspoeder, melk en slagroom een dikke saus volgens de gebruiksaanwijzing op de verpakking. Laat de saus ca. 2 minuten zachtjes doorkoken. Roer af en toe om. Voeg al roerend wijn, honing, bouillonpoeder en kappertjes toe. Breng het mengsel weer aan de kook en laat het ca. 3 minuten zachtjes doorkoken.

Roer de witte bonen en de plakjes limoen door de saus en laat alles nog even doorkoken.

Voeg yoghurt en dragon toe, roer alles goed door en laat het gerecht nog even door en door warm worden (niet meer laten koken). Breng het geheel op smaak met zout en peper.

Zuidamerikaanse bonenschotel

(4 porties)

25 g margarine
1 rode paprika, schoongemaakt en in stukjes gesneden
2 uien, gepeld en fijngesnipperd
2 blikken bruine bonen, uitgelekt
5 eetlepels pittige tomatenketchup
1 blikje maïskorrels (ca. 300 g), uitgelekt
1/8 l zure room
125 g geraspte oude kaas
ca. 75 g tortillachips (de helft grof verkruimeld)
1 zakje taco-kruidenmix

Verhit de margarine in een koekepan en fruit hierin ui en paprika ca. 5 minuten.
Doe de bonen in een kom en meng het ui-paprikamengsel samen met 4 eetlepels tomatenketchup erdoor.
Schep de helft van het bonenmengsel in een grote, ingevette ovenschaal en verdeel hierover de maïs. Schep de rest van het bonenmengsel erop en strijk de bovenkant glad.
Roer in een kommetje de zure room, de rest van de ketchup, de helft van de kaas en de kruidenmix door elkaar en roer er tot slot de verkruimelde chips door.
Verdeel het roommengsel over de bonen, leg de rest van de chips erop en bestrooi het geheel met de rest van de kaas.
Plaats de schaal in het midden van de tot 200°C voorverwarmde oven en laat het gerecht in ca. 30 minuten door en door warm worden.

Stamppot bruine bonen

(4 porties)

margarine
2 uien, gepeld en fijngesnipperd
1 theelepel kerriepoeder
nootmuskaat
zout en peper
worcestershiresaus
1 literblik bruine bonen, uitgelekt
1 kg aardappels, geschild
melk

Verhit wat margarine in een pan en fruit hierin de uien goudbruin. Bestrooi het mengsel met kerriepoeder, nootmuskaat, zout, peper en een paar druppels worcestershiresaus en roer alles goed door.
Voeg de uitgelekte bonen toe, alsmede een scheutje water en laat alles op een laag vuur enkele minuten pruttelen.
Kook de aardappels met weinig water en zout in 20 minuten gaar. Verhit wat melk in een steelpan. Giet de aardappels af en stamp ze met de hete melk tot een luchtige puree. Schep voorzichtig het bonenmengsel door de puree. Doe het gerecht over in een schaal.

Indiase bruine bonen

(2 porties)

2 aardappels, geschild en in blokjes gesneden
1/2 winterwortel, geschrapt en in dunne plakjes gesneden
100 g gesneden spitskool
1 ui, gepeld en kleingesneden
2 eetlepels olie
1/2 eetlepel kerriepoeder
1 eetlepel tomatenpuree
1/2 literblik bruine bonen

Kook de blokjes aardappel in ca. 10 minuten gaar in een pan met water. Giet de aardappels af.
Verhit de olie in een pan en bak winterwortel, spitskool en ui hierin al omscheppend 10 minuten. Roer er kerriepoeder en tomatenpuree door en laat deze even meebakken. Voeg de blokjes aardappel toe en tot slot de bruine bonen met vocht. Breng het geheel aan de kook en laat het ca. 5 minuten zachtjes pruttelen.

Stoofschotel van kidney beans

(4 porties)

250 g gedroogde kidney beans
1 l groentebouillon
2 eetlepels olijfolie
1 ui, gepeld en fijngesnipperd
2 worteltjes, geschrapt en kleingesneden
50 g fijngesneden prei
1 rode peper, kleingesneden
1 rode en 1 groene paprika, schoongemaakt en kleingesneden
2 eetlepels tomatenpuree
3 eetlepels volkorenmeel
1 eetlepel paprikapoeder
1 theelepel kerriepoeder
zout
peper uit de molen
100 g zure room
1 bosje fijngeknipt bieslook

Laat de kidney beans een nacht weken in de groente-
bouillon.
Verhit 1 eetlepel olijfolie in een pan en fruit daarin de ui.
Voeg de kidney beans met de bouillon toe en laat alles 40-
50 minuten zachtjes pruttelen.
Voeg wortel, prei en rode peper 15-20 minuten voor het
verstrijken van de kooktijd toe en laat ze gaar worden.
Verhit 1 eetlepel olijfolie en fruit daarin de stukjes paprika.
Roer de tomatenpuree en het meel erdoor. Laat het meng-
sel iets afkoelen en roer het vervolgens door de bonen.
Breng het geheel op smaak met paprika- en kerriepoeder,
zout en peper.
Schep het bonengerecht op vier borden, schenk er wat zure
room over en bestrooi het met bieslook.

Kroketten van adukibonen

(2 porties)

250 g adukibonen
ca. 100 g volkorenbroodkruim
1 eetlepel geraspte ui
1 eetlepel fijngehakte peterselie
2 theelepels gistextract
60 g fijngehakte noten
olie

Week de bonen een nacht in water en kook ze in het weekvocht in ca. 11/2 uur gaar. Pureer de gare bonen tot een dikke pasta.

Vermeng de pasta met het broodkruim tot een stevige, niet al de droge massa. Voeg ui, peterselie en gistextract toe.

Vorm kroketjes van het mengsel en wentel deze door de fijngehakte noten.

Bak de kroketjes in een laagje olie tot ze door en door warm zijn en dien ze direct op.

Kikkererwten met ui en paprika

(4 porties)

250 g kikkererwten
2 eetlepels olijfolie
1 grote ui, gepeld en fijngesnipperd
1 teentje knoflook, gepeld en uitgeperst
1 rode paprika, schoongemaakt en in blokjes gesneden
3 eetlepels tomatenpuree
11/2 dl rode wijn
1/2 theelepel honing
12 zwarte olijven, ontpit
150 g geraspte belegen kaas

Week de kikkererwten 6-8 uur in water en kook ze in het weekvocht in 11/2-2 uur gaar.
Verhit de olie en fruit daarin ui en knoflook enkele minuten. Voeg de paprika toe en bak deze even mee. Roer de tomatenpuree door het mengsel en schenk de wijn erbij. Roer tot slot de honing, de olijven en de uitgelekte kikkererwten erdoor.
Vet een ovenschaal in, doe de massa hierin over, strooi de kaas erover en zet de schaal even onder de voorverwarmde hete grill, zodat het gerecht een mooi goudbruin korstje krijgt.

Kapucijnergoelasj

(4 porties)

250 g kapucijners
25 g margarine
2 uien, gepeld en fijngesnipperd
1 teentje knoflook, gepeld en uitgeperst
1 prei, in ringen gesneden
1 gele en 1 groene paprika, schoongemaakt en in reepjes gesneden
1 courgette, geschild en in plakjes gesneden
ca. 140 g tomatenpuree
1 blik ontvelde tomaten (800 g)
1 groentebouillontablet
oregano
tijm
zout en peper

Week de kapucijners 8-12 uur in water en kook ze in het weekvocht in 1-11/2 uur gaar.
Smelt de margarine en fruit daarin ui en knoflook enkele minuten. Voeg prei, paprika, courgette en tomatenpuree toe en bak deze even mee.
Doe de tomaten met het sap, het bouillontablet en de kruiden in de pan, alsmede de uitgelekte kapucijners. Roer alles goed door en laat de goelasj op een laag vuur door en door warm worden. Breng de goelasj op smaak met zout en peper.

197

Doperwten met sinaasappel-mosterdsaus

(2 porties)

1 (pers)sinaasappel
1 kg verse doperwten, gedopt
zout
1 sjalotje, gepeld en fijngesnipperd
1 eetlepel mosterd
3 eetlepels crème fraîche
25 g margarine
peper

Boen de sinaasappel goed schoon en rasp de oranje schil.
Pers de sinaasappel vervolgens uit.
Kook de doperwten in een pan met weinig water en zout in
ca. 10 minuten gaar.
Doe sjalot, sinaasappelsap, een halve dl water en de helft
van de sinaasappelrasp in een pannetje. Laat alles in ca. 5
minuten inkoken tot er nog ca. 3 eetlepels over zijn. Roer
mosterd en crème fraîche door het mengsel. Voeg klontje
voor klontje de margarine toe en roer deze door de saus.
Breng de saus op smaak met zout en peper. Doe de saus
over in een sauskom.
Giet de doperwten af en strooi de rest van de sinaasappelrasp erover. Geef de saus er apart bij.

Tuinbonen in wijnsaus

(4 porties)

3 kg verse tuinbonen
zout
20 g margarine
gedroogd bonekruid
2 eieren
geraspte schil van 1/2 citroen
1 eetlepel citroensap
2 dl droge witte wijn
zout en peper

Dop de tuinbonen en kook ze in water met zout in ca. 20 minuten gaar. Giet ze af en schud ze om met wat margarine en bonekruid.
Klop de eieren in een kom schuimig met citroenrasp. Plaats de kom boven een pan met heet water en voeg scheutje voor scheutje citroensap en wijn toe. Klop het mengsel tot een gebonden saus ontstaat. Breng de saus op smaak met zout en peper.
Geef de saus bij de tuinbonen.

Peultjes met taugé

(2 porties)

olie
200 g peultjes, schoongemaakt en in schuine reepjes gesneden
1 kleine zoetzure augurk, in dunne plakjes gesneden
zout
200 g taugé, gewassen (groene vliesjes verwijderd) en uitgelekt
sesamolie

Verhit 2 eetlepels olie in een braadpan of wok en roerbak de peultjes 2 minuten. Voeg de augurk toe en roerbak alles nog 1 minuut.
Voeg 2 eetlepels water en wat zout toe en roerbak nog 1 minuut. Doe de uitgelekte taugé in de pan en roerbak 1 minuut. Roer 2 theelepels sesamolie door de groenten en laat alles al roerend nog even door en door warm worden.

Snijbonen in klappersaus

(4 porties)

2 eetlepels olie
1 ui, gepeld en fijngesnipperd
1 teentje knoflook, gepeld en uitgeperst
1 theelepel sambal oelek
1 dl tomatensap
1 dl kokosmelk
500 g snijbonen, afgehaald en in schuine stukjes gesneden
1 eetlepel bruine basterdsuiker
zout en peper

Verhit de olie en fruit de ui daarin goudbruin. Voeg knoflook, sambal, tomatensap en kokosmelk toe. Breng alles aan de kook en voeg de snijbonen toe. Doe het deksel op de pan en kook de bonen gaar.
Maak het gerecht op smaak af met basterdsuiker, zout en peper.

AARDAPPELS EN DEEGWAREN

Gegratineerde aardappels

(4 porties)

750-1000 g versgekookte aardappels, geschild en in plakken gesneden
1 teentje knoflook
margarine
kruidenzout
peper
nootmuskaat
200 g geraspte kaas
2 bekertjes Bulgaarse yoghurt
1 theelepel mosterd

Wrijf een ovenschaal in met het doorgesneden teentje
knoflook en vet de schaal vervolgens in. Leg een laagje
aardappelplakjes op de bodem. Bestrooi ze met kruidenzout, peper, nootmuskaat en een gedeelte van de geraspte
kaas. Leg er een volgend laagje aardappel op en bestrooi
ook dit met kruiderijen en kaas. Herhaal deze handeling.
Roer de yoghurt los met zout, peper en mosterd en verdeel
het mengsel over de aardappels. Leg hier en daar een
klontje margarine.
Zet de schaal in het midden van de tot 220°C voorverwarmde oven en laat het gerecht ca. 20 minuten bakken.

Aardappelschotel met rettich

(4 porties)

1 ui, gepeld en fijngesnipperd
1 teentje knoflook, gepeld en uitgeperst
600 g aardappels, geschild en in dunne plakjes gesneden
1 eetlepel olijfolie
1 l groentebouillon
1 takje fijngehakte marjolein
1 takje fijngehakte tijm
1 theelepel paprikapoeder
1 theelepel kerriepoeder
zeezout en peper
1 prei, in dunne ringen gesneden
2 groene paprika's, schoongemaakt en in reepjes gesneden
1 middelgrote rettich, geschild en in dunne plakjes gesneden
6 tomaten, gewassen en kleingesneden
150 g zure room

Verhit de olie in een pan en laat ui en knoflook daarin
fruiten. Voeg de plakjes aardappel toe en laat deze even
meebakken. Voeg de groentebouillon toe. Kruid het
mengsel met marjolein, tijm, paprika- en kerriepoeder en
zout en peper. Laat de massa ca. 10 minuten zachtjes pruttelen.
Voeg prei, paprika, rettich en tomaat toe en laat alles nog
ca. 10 minuten zachtjes koken.
Serveer het gerecht met zure room.

Aardappel-courgetteschotel

(2 porties)

500 g aardappels, geschild en in schijfjes gesneden
zout
3 eieren
21/2 dl melk
peper
1/2 theelepel kerriepoeder
margarine
500 g courgette, in dunne plakjes gesneden
50 g geraspte kaas

Kook de aardappelschijfjes in kokend water met zout ca. 5 minuten. Giet ze af in een vergiet en spoel ze af met koud water.
Klop in een kom de eieren los met melk, zout, peper en kerriepoeder. Verwarm de oven voor tot 175°C.
Beboter een ovenschaal en schik daarin om en om de plakjes courgette en de schijfjes aardappel. Schenk hierover het eiermengsel en strooi de kaas erover.
Zet de schaal ca. 40 minuten in het midden van de oven.

Aardappel-broccoligratin

(2 porties)

400 g aardappels, geschild en in dunne plakjes gesneden
zout
300 g broccoli, in roosjes verdeeld
margarine
2 eieren
1/8 l zure room
50 g geraspte oude kaas
peper uit de molen

Kook de aardappels in ruim kokend water met zout in ca. 5 minuten beetgaar. Laat ze uitlekken in een vergiet.
Kook de broccoli in ruim kokend water met zout ca. 3 minuten en laat de groente uitlekken in een zeef.
Beboter een ronde ovenschaal. Schik de plakjes aardappel dakpansgewijs langs de rand van de schaal en leg de broccoli in het midden.
Klop de eieren los met zure room en kaas en breng het mengsel op smaak met zout en peper. Schenk het eiermengsel over de aardappels en de broccoli.
Bak het gerecht in het midden van de tot 200°C voorverwarmde oven in ca. 30 minuten goudbruin en gaar.

Aardappelrolletjes met zuurkool

(4 porties)

750 g zuurkool
2 eetlepels margarine
1 ui, gepeld en fijngesnipperd
ca. 1/8 l appelsap
2 theelepels tijm
kruidenzout en peper
2 appels, geschild, ontdaan van klokhuis en in plakjes gesneden
voor de aardappelrolletjes:
150 g aardappels
1 eetlepel margarine
3 eieren
3 eetlepels tarwebloem
kruidenzout, nootmuskaat, koriander, marjolein
1 teentje knoflook, gepeld en uitgeperst
kerriepoeder
paneermeel
olie
1/8 l (slag)room

Houd 200 g zuurkool apart.
Verhit de margarine en fruit daarin de ui. Voeg de resterende zuurkool toe en laat deze even meebakken. Blus het
geheel met appelsap en breng op smaak met tijm,
kruidenzout en peper. Leg de plakjes appel op de zuurkool. Doe een deksel op de pan en laat alles in 15-20 minuten op een matige warmtebron gaar worden.
Kook de aardappels gaar, verwijder de schil en pureer ze.
Voeg margarine, 2 eieren en tarwebloem toe en kruid de
puree met kruidenzout, nootmuskaat, koriander, marjolein en knoflook.
Klop het laatste ei los met kerriepoeder.
Vorm rolletjes van de puree. Haal de rolletjes door het losgeklopte ei en vervolgens door het paneermeel. Bak ze
bruin in de olie.
Verwarm de zuurkool opnieuw, meng de ongekookte
zuurkool erdoor, controleer de smaak en roer tot slot de
room erdoor.

Aardappel-zuurkoolkoekjes

(4 porties)

1 bosje fijngehakte peterselie
250 g magere kwark
100 g crème fraîche
1/8 l slagroom
1-2 theelepels gemalen komijn
zout en peper
300 g zuurkool
600 g aardappels, geschild en geraspt
2 uien, gepeld en fijngesnipperd
3 eieren
1 eetlepel maïzena
bakvet
1 rode ui, gepeld en in ringen gesneden

Roer peterselie, kwark, crème fraîche en slagroom tot een glad papje. Breng op smaak met komijn, zout en peper. Zet het mengsel even in de koelkast.
Druk het vocht uit de zuurkool en meng ui en aardappel erdoor. Voeg de eieren en de maïzena toe en roer alles goed door. Voeg wat komijn, zout en peper toe.
Bak telkens vier hoopjes zuurkoolmengsel in 15 g verhit bakvet goudbruin. Serveer de koekjes met de saus en de rode-uiringen.

Aardappel-kaassoufflé

(4 porties)

750 g versgekookte aardappels
ca. 2 dl halfvolle melk
10 fijngeknipte sprieten bieslook
200 g belegen kaas met komijn, ontkorst en geraspt
1 rode paprika, schoongemaakt en in stukjes gesneden
4 eieren
zout
peper uit de molen
margarine

Vet een soufflé- of ovenschaal (ca. 2 l) in met margarine.
Stamp de aardappels fijn onder toevoeging van zoveel melk dat er een stevige puree ontstaat.
Roer bieslook, kaas, paprika en eierdooiers door de aardappelpuree en breng het geheel op smaak met zout en peper.
Klop de eiwitten stijf en schep ze luchtig door de puree.
Doe de puree over in de souffléschaal.
Zet de schaal in het midden van de tot 175°C voorverwarmde oven en laat de soufflé in ca. 30 minuten rijzen en goudbruin worden.

Gepofte aardappels met kaas

(4 porties)

4 grote aardappels, ongeschild (schoongeboend onder koud stro-
mend water)
ca. 250 g belegen kaas, in 4 repen gesneden
peper uit de molen
fijngeknipt bieslook

Kerf de aardappels in het dikste gedeelte kruislings in en
leg een reep kaas in de inkeping.
Verpak elke aardappel in aluminiumfolie.
Leg de pakketjes in het midden van de tot 175°C voorverwarmde oven en pof de aardappels in ca. 1 uur gaar.
Maak het folie open en bestrooi de aardappels met peper
en bieslook.

Aardappels met kaascrème

(4 porties)

ca. 11/2 kg aardappels (8 stuks)
zout
1 theelepel karwijzaad
zwarte peper uit de molen
3 eetlepels olijfolie
200 g gorgonzola (of roquefort)
150 g magere kwark
1 eetlepel (slag)room
1 lichtzure appel, geschild, ontdaan van klokhuis en in vieren
gesneden
2 lente-uitjes, gepeld en fijngehakt
50 g fijngehakte gemengde noten
rasp en sap van 1/2 citroen

Boen de aardappels schoon, halveer ze en leg ze met het snijvlak naar boven op een bakblik.

Vermeng zout, karwijzaad en flink wat peper met elkaar en strooi dit mengsel over de aardappels. Besprenkel ze met olijfolie.

Schuif het bakblik in het midden van de niet voorverwarmde oven en laat de aardappels ca. 1 uur op 180°C bakken.

Roer voor de crème kaas, kwark en room tot een glad mengsel. Roer de appel, de ui en de noten door de crème en breng het geheel op smaak met citroenrasp en -sap en zout en peper. Serveer de crème bij de aardappels.

Aardappel-kaasrand

(2 porties)

2-3 winterwortels, geschrapt
1 courgette
750 g aardappels, geschild en in stukken gesneden
zout
2 eetlepels margarine
1 theelepel suiker
1 ui, gepeld en fijngesnipperd
11/2-2 dl melk
1 ei
peper
nootmuskaat
150 g kaas, in blokjes gesneden

Steek met een aardappelboor balletjes uit de wortels en de ongeschilde courgette.
Breng een pan met water en zout aan de kook en kook hierin de aardappels in ca. 20 minuten gaar.
Smelt in een pannetje 1 eetlepel margarine. Doe de wortel-balletjes en de suiker erbij, roer alles even goed om en laat de balletjes op een zacht vuur in 10-15 minuten gaar smoren. Voeg de laatste 5 minuten de courgetteballetjes toe.
Smelt in een koekepan 1 eetlepel margarine en fruit hierin de ui ca. 3 minuten.
Verwarm de oven voor tot 225°C. Giet de aardappels af, stamp ze fijn en roer er met melk, ei en ui een puree van. Breng de puree op smaak met zout, peper en nootmuskaat en meng er tot slot de kaasblokjes door.
Schep de puree in een ingevette tulbandvorm en druk haar goed aan. Zet de vorm enkele minuten in de oven en laat de puree door en door warm worden.
Breng de groenteballetjes op smaak met zout en peper. Stort de aardappel-kaasrand op een schaal en schep de groenteballetjes in het midden.

Aardappelrolletjes

(2-3 porties)

500 g versgekookte aardappels, fijngestampt
4 eetlepels bloem
2 eiwitten, licht geklopt
4 eetlepels koffiemelk
paprikapoeder
zout
100 g gare sperziebonen
50 g gare doperwten
50 g gare worteltjes

Doe in een grote kom aardappels, bloem, drie kwart van
het eiwit en koffiemelk en vorm er een stevig deeg van.
Voeg naar smaak paprikapoeder en zout toe.
Bestuif het werkblad met bloem, rol het deeg uit en snijd er
rechthoekjes van.
Leg op elk stukje deeg wat sperziebonen, doperwtjes en
wortel en vouw het deeg stevig om de groenten heen. Plak
de randen van het deeg vast met wat van het overgebleven
eiwit.
Leg de rolletjes op een licht ingevette bakplaat. Schuif de
plaat in het midden van de tot 225°C voorverwarmde oven
en laat de aardappelrolletjes in ca. 45 minuten gaar worden.

Aardappelnestjes

(4 porties)

800 g kleine aardappels
ca. 1 theelepel zeezout
400 g doperwten
2 (winter)wortels, geschrapt en kleingesneden
90 g margarine
3 eierdooiers
4 eetlepels fijngehakte hazelnoten
2 eetlepels fijngehakte peterselie
nootmuskaat
2 eetlepels melk
2 eetlepels paneermeel
1 eetlepel sesamzaad

Boen de aardappels schoon en kook ze in 20 minuten gaar in water met zout. Kook de doperwten in ca. 20 minuten gaar in water met zout. Voeg de laatste 5 minuten de wortel toe.

Verwijder de schil van de aardappels en pureer ze. Vermeng de puree met 50 g margarine, 2 eierdooiers, 2 eetlepels hazelnoten, peterselie en nootmuskaat.

Doe de massa over in een spuitzak en spuit op een beboterd bakblik acht rondjes. Druk een kuiltje in elk van de rondjes. Vermeng de resterende eierdooier met melk en bestrijk de bovenkant van de 'nestjes' daarmee.

Vul de kuiltjes met het groentemengsel. Roer 2 eetlepels hazelnoten, paneermeel en sesamzaad door 40 g gesmolten margarine. Verdeel dit mengsel over de 'nestjes'.

Bak de aardappelnestjes ca. 15 minuten in de tot 180°C voorverwarmde oven.

Ovenschotel met aardappels en noten

(4 porties)

800 g aardappels
1/2 l groentebouillon
1/8 l melk
3 eieren
1 ui, gepeld en fijngehakt
1 bosje fijngehakte marjolein
100 g geraspte Goudse kaas
50 g fijngemalen hazelnoten
1 eetlepel tarwebloem
zout
1/2 theelepel karwijzaad
witte peper uit de molen
50 g margarine

Schil de aardappels en snijd ze in dobbelsteentjes. Kook ze in de groentebouillon in ca. 20 minuten gaar. Voeg de melk toe en pureer de aardappels. Laat de puree iets afkoelen.
Splits de eieren. Meng de eierdooiers, de ui en de marjolein door de aardappelpuree. Sla de eiwitten stijf en schep die op de puree.
Vermeng de kaas met hazelnoten, tarwebloem, zout, karwijzaad en peper en strooi het mengsel over de eiwitten. Meng alles voorzichtig door elkaar.
Vet een ovenschaal in met een derde van de margarine. Doe de puree over in de schaal en strijk de bovenkant glad. Verdeel de rest van de margarine erover.
Zet de schaal in het midden van de niet voorverwarmde oven en laat het gerecht op 180°C ca. 45 minuten bakken.

Aardappelpudding met broccoli

(6 porties)

800 g broccoli, schoongemaakt en verdeeld in kleine roosjes
400 g aardappels, geschild en in dobbelsteentjes gesneden
zout
1 ui, gepeld en fijngesnipperd
1 bosje fijngehakte marjolein
3 eieren
100 g crème fraîche
2 eetlepels melk
witte peper uit de molen
nootmuskaat
25 g tarwebloem
100 g geraspte emmentaler
50 g fijngehakte walnoten
margarine
50 g knäckebrood, verkruimeld

Kook broccoli en aardappelblokjes in ca. 15 minuten in water met zout gaar. Giet het mengsel af en maak het met een vork fijn. Roer de ui en de marjolein erdoor.

Splits de eieren. Voeg de dooiers, de crème fraîche en de melk toe aan het mengsel. Breng op smaak met peper, zout en nootmuskaat.

Sla de eiwitten stijf en spatel ze door het aardappel-broccolimengsel. Doe hetzelfde met de vermengde tarwebloem, kaas en walnoten.

Vet een puddingvorm in en bestrooi deze met verkruimeld knäckebrood. Doe de aardappel-broccolimassa over in de vorm. Leg een deksel op de puddingvorm.

Vul een vuurvaste schaal met kokend water. Zet de vorm erin (deze moet voor ca. twee derde deel in het water staan). Dek de schaal af en laat de pudding op een matige warmtebron in ca. 1 uur en 10 minuten gaar worden.

Laat de pudding na het garen nog ca. 10 minuten in de vorm staan. Maak de pudding aan de bovenkant met een mes los en stort hem op een platte schaal.

Aardappel-maïspannekoekjes

(4 porties)

500 g aardappels, geschild, gewassen en geraspt
1 ui, gepeld en fijngesnipperd
1 blik maïs (ca. 350 g), uitgelekt
2 eieren
2 eetlepels bloem
zout en peper
1-2 theelepels paprikapoeder
margarine

Doe geraspte aardappels, ui en uitgelekte maïs in een kom. Klop de eieren los en voeg ze toe aan het aardappel-maïsmengsel. Roer de bloem erdoor en breng het geheel op smaak met zout, peper en paprikapoeder.
Smelt in een koekepan een klontje margarine. Schenk eetlepels beslag op voldoende afstand van elkaar in de koekepan. Bak de pannekoekjes op een niet te hoog vuur aan beide zijden bruin en gaar. Laat ze uitdruipen op keukenpapier.

Gegratineerde macaroni

(4 porties)

250 g volkoren macaroni
zout
1 eetlepel olijfolie
2 grote uien, gepeld en fijngesnipperd
1 koolrabi (ca. 250 g), geschild en in stukjes gesneden
100 g champignons, afgeborsteld en in kleine stukjes gesneden
300 g tomaten, ontveld en in stukjes gesneden
1/8 l melk
100 g crème fraîche
150 g geraspte belegen kaas
zwarte peper uit de molen
1 theelepel gedroogde tijm
20 g margarine
voor de garnering: fijngeknipt bieslook

Kook de macaroni beetgaar volgens de gebruiksaanwijzing op de verpakking. Laat de macaroni uitlekken en roer vervolgens de olijfolie erdoor.
Vermeng de macaroni met ui, koolrabi, champignons en tomaat. Doe het geheel over in een ingevette ovenschaal.
Vermeng de melk met crème fraîche, kaas, zout, peper en tijm. Giet het mengsel over de macaroni. Leg hier en daar een klontje margarine.
Zet de schaal in de niet voorverwarmde oven en laat het gerecht op 200°C in ca. 30 minuten gratineren. Garneer het gerecht met bieslook.

Macaroni op Russische wijze

(6 porties)

11/2 kopje zure room
2 kopjes cottage cheese
1 kopje geraspte cheddar
1 rode ui, gepeld en fijngesnipperd
2 sjalotjes, gepeld en kleingesneden
1 groene paprika, schoongemaakt en kleingesneden
2 kopjes fijngesnipperde witte kool
250 g champignons, afgeborsteld en kleingesneden
1 winterwortel, geschrapt en in reepjes gesneden
1 theelepel karwijzaadjes
margarine
300-400 g volkoren macaroni
2 eetlepels tamari
zwarte peper uit de molen

Vermeng zure room, cottage cheese, cheddar, ui, sjalotjes en paprika met elkaar.
Smelt wat margarine in een pan en fruit hierin eventjes de witte kool, de champignons, de wortel en de karwijzaadjes.
Kook de macaroni al dente volgens de gebruiksaanwijzing op de verpakking. Giet de macaroni af en roer er een klontje margarine door.
Vermeng de macaroni met de groenten en het room-kaasmengsel. Voeg tamari en royaal zwarte peper toe. Doe de massa over in een beboterde ovenschaal, dek de schaal af en laat het gerecht ca. 40 minuten bakken in de tot 180°C voorverwarmde oven.

Macaronischotel

(4 porties)

200 g volkoren macaroni
zout
2 eetlepels olijfolie
1 ui, gepeld en fijngesnipperd
50 g prei, in ringen gesneden
1 rode en 1 groene paprika, schoongemaakt en in reepjes gesneden
1 winterwortel, geschrapt en in reepjes gesneden
1 kopje groentebouillon
enkele takjes fijngehakte marjolein
kerriepoeder
paprikapoeder
peper uit de molen
2 tomaten, gewassen en kleingesneden
100 g (koffie)room
enkele sprieten bieslook

Kook de macaroni in 10-12 minuten al dente in kokend water met zout.

Verhit de olie en fruit daarin de ui enkele minuten. Voeg achtereenvolgens prei, paprika en winterwortel toe en laat alles even meebakken.

Schenk de bouillon erbij en breng het geheel op smaak met marjolein, kerrie- en paprikapoeder, zout en peper. Laat alles ca. 5 minuten pruttelen.

Voeg dan de uitgelekte macaroni en de tomaten toe. Roer alles goed door elkaar en laat het gerecht door en door warm worden. Roer de room erdoor en bestrooi het gerecht met fijngeknipt bieslook.

Penne rigate met koolrabi

(4 porties)

250 g ontvelde tomaten (uit blik)
4 eetlepels olijfolie
400 g koolrabi, geschild en in blokjes gesneden
100 g prei, in dunne ringen gesneden
1 takje rozemarijn
zout
2 dl (koffie)room
30 g parmezaanse kaas
peper uit de molen
500 g penne rigate (buisjesmacaroni)

Pureer de tomaten. Verhit de olijfolie in een pan en bak daarin koolrabi en prei enkele minuten. Voeg rozemarijn en tomaten toe en breng het geheel op smaak met wat zout. Doe het deksel op de pan en laat alles op een zacht vuur ca. 20 minuten pruttelen. Haal het takje rozemarijn eruit.
Roer de room door de saus en voeg de kaas en wat peper toe.
Kook intussen de buisjesmacaroni al dente volgens de gebruiksaanwijzing op de verpakking. Giet de macaroni af en doe de pasta over in een schaal. Roer de saus erdoor.

Noedel-banaanschotel

(4 porties)

4 kruidnagels
2 eetlepels olie
1 theelepel zeezout
250 g volkoren noedels
4 eieren
geraspte schil van 1 citroen (plus sap van 1/2 citroen)
2 eetlepels honing
mespunt vanillesuiker
1/8 l slagroom
4 bananen
100 g rozijnen
2 eetlepels amandelschaafsel
1/2 theelepel kaneel

Breng 4 eetlepels water met de kruidnagels, de olie en het zout aan de kook. Voeg de noedels toe en laat deze ca. 7 minuten koken. Spoel ze af onder koud stromend water en laat ze uitlekken.
Splits de eieren. Klop de dooiers los met de geraspte citroenschil, honing en vanillesuiker. Klop de slagroom erdoor.
Snijd de gepelde bananen in schuine plakken en besprenkel deze met citroensap.
Vermeng de noedels met rozijnen, geschaafde amandelen, kaneel en banaan. Spatel de eiermassa erdoor.
Doe de massa over in een ingevette ovenschaal en laat het gerecht 30-40 minuten in de tot 200°C voorverwarmde oven bakken.

Mie met sojasaus

(4 porties)

1 teentje knoflook, gepeld en uitgeperst
2 eetlepels pindakaas
3 eetlepels sojasaus
4 eetlepels chili-olie
2 eetlepels sesamolie
11/2 eetlepel azijn
zout
200 g dunne mie
2 theelepels Sichuan-peperkorrels
1 lente-uitje

Vermeng de knoflook met pindakaas, sojasaus, chili-olie, sesamolie en azijn. Verdeel de saus over vier soepkommen. Breng in een pan water met zout aan de kook en kook de mie volgens de gebruiksaanwijzing op de verpakking.
Verhit de wadjan op een hoog vuur en roerbak de Sichuan-peperkorrels 1 minuut. Laat ze afkoelen en stamp ze fijn.
Snijd een stukje lente-ui in reepjes en hak de rest fijn. Doe de fijngehakte lente-ui bij het sausje in de kommen.
Verdeel de gekookte en uitgelekte mie over de kommen en bestrooi het geheel met Sichuan-peperkorrels en lente-ui.

Tagliatelle met groene-groentesaus

(2 porties)

1 struikje broccoli, verdeeld in roosjes
50 g sperziebonen, afgehaald en in drieën gesneden
3 stengels bleekselderie, schoongemaakt en in stukjes gesneden
1 prei, in ringen gesneden
100 g champignons, afgeborsteld en in plakjes gesneden
1 ui, gepeld en fijngesnipperd
25 g margarine
25 g bloem
1/8 l groentebouillon
1/8 l slagroom
1/2 theelepel gedroogd basilicum
zout en peper
200 g tagliatelle
olie

Kook in een pan met kokend water broccoli, sperziebonen, bleekselderie en prei ca. 10 minuten op een laag vuur.
Verhit de margarine in een steelpan en fruit de ui daarin ca. 5 minuten. Voeg de champignons toe en laat deze even meebakken. Neem de pan van het vuur en roer de bloem erdoor. Zet de pan terug op het vuur en laat alles even pruttelen. Voeg al roerend scheutje voor scheutje de bouillon en de slagroom toe. Breng de saus op smaak met basilicum, zout en peper en laat het geheel 10 minuten koken op een laag vuur (af en toe roeren). Roer de uitgelekte groenten erdoor.
Kook de tagliatelle in ruim kokend water met wat zout en een scheutje olie in ca. 10 minuten gaar. Giet de tagliatelle af, verdeel de lintmacaroni over twee borden en schep de groentesaus erover.

Tagliatelle met saus van pijnboompitten

(4 porties)

voor het deeg:
125 g spinazie
250 g tarwebloem
1 ei
1/2 theelepel zeezout
1-2 eetlepels olijfolie

voor de saus:
40 g gekneusde pijnboompitten
2 eetlepels zonnebloemolie
75 g room
50 g geraspte parmezaanse kaas
zout en peper

Blancheer de spinazie en hak de groente vervolgens zeer fijn.
Doe de bloem in een grote kom, maak er een kuiltje in en breek hierin het ei. Voeg spinazie, zout en olijfolie toe.
Kneed de ingrediënten goed door elkaar, werk vanaf de buitenrand naar binnen. Het resultaat moet een soepel deeg zijn. Laat het deeg ca. 30 minuten rusten.
Rol het deeg uit op een met bloem bestoven werkblad. Snijd er dunne repen uit en laat deze in ruim water met zout beetgaar koken.
Roer pijnboompitten, zonnebloemolie, room en kaas tot een stevige, vloeibare massa. Breng op smaak met zout en peper.
Serveer de tagliatelle met de saus.

Tagliatelle met selderiesaus

(4 porties)

350 g volkoren tagliatelle
zout
175 g cottage cheese, in stukjes gesneden
25 g pindakaas
2 dl melk
5 stengels bleekselderie, fijngehakt
fijngehakte groene tuinkruiden

Kook de tagliatelle al dente volgens de gebruiksaanwijzing op de verpakking.

Vermeng in een steelpan cottage cheese en pindakaas. Roer de melk er scheutje voor scheutje door. Roer de selderie door de saus en laat deze al roerend op een laag vuur goed warm worden. Breng de saus op smaak met groene tuinkruiden en zout.

Doe de tagliatelle over in een voorverwarmde schaal en schenk de saus erover.

Spaghetti-omelet met groentevulling

(4 porties)

150 g volkoren spaghetti
5 eieren
zeezout en peper
nootmuskaat
50 g geraspte parmezaanse kaas
olie

voor de vulling:
1 ui, gepeld en fijngesnipperd
2 eetlepels margarine
1 rode paprika, schoongemaakt en in reepjes gesneden
1 courgette, in plakjes gesneden
150 g doperwten
3 tomaten, ontveld en in stukjes gesneden
1 kopje groentebouillon
1-2 eetlepels maïzena
1 eetlepel honing
2 eetlepels sojasaus
2 eetlepels vruchtenazijn
fijngeknipt bieslook

Kook de spaghetti gaar volgens de gebruiksaanwijzing op de verpakking. Laat de spaghetti uitlekken en snijd de pasta vervolgens klein.
Klop de eieren los met zout, peper, nootmuskaat en parmezaanse kaas en roer dit mengsel door de spaghetti.
Bak van het mengsel 4 omeletten in de olie. Houd de omeletten warm.
Fruit de ui in de margarine. Laat de reepjes paprika, de plakjes courgette en de doperwten even meebakken. Voeg tomaat en bouillon toe. Dek de pan af en laat alles even pruttelen. Roer de met water vermengde maïzena erdoor. Breng het mengsel op smaak met honing, sojasaus, azijn, zout en peper.
Verdeel de vulling over de omeletten. Vouw ze dubbel en bestrooi ze met fijngeknipt bieslook.

Spaghetti met appel

(2 porties)

125 g spaghetti
zout
1 eetlepel margarine
500 g goudrenetten, geschild, ontdaan van klokhuis en in stukjes
gesneden
3 eetlepels suiker
1 theelepel geraspte citroenschil
2 eetlepels koffiemelk
1/2 eetlepel maïzena

Kook de spaghetti al dente volgens de gebruiksaanwijzing op de verpakking.

Verhit de margarine in een pan en smoor hierin de appel ca. 5 minuten. Voeg suiker en citroenrasp bij de appel en laat het mengsel op een laag vuur even sudderen (de appels mogen niet tot moes koken).

Vermeng in een kommetje koffiemelk en maïzena en voeg dit mengsel langzaam en al roerend bij de appelmassa tot er een dikke saus ontstaat.

Schep de spaghetti in een voorverwarmde schaal en schenk de appelsaus erover.

Spaghetti met bloemkoolsaus

(6 porties)

1/4 kopje olijfolie
3 teentjes knoflook, gepeld en uitgeperst
1 blaadje salie
2 theelepels gedroogd basilicum
1 middelgrote bloemkool, in kleine roosjes verdeeld
zout en peper
2 kopjes tomatenpuree
2 eetlepels margarine
500 g spaghetti
2 kopjes gemalen cheddar/parmezaanse kaas (gemengd)

Verhit 2 eetlepels olijfolie en fruit daarin eventjes knoflook, salie en basilicum. Voeg dan de bloemkoolroosjes, zout, peper en een half tot één kopje water toe. Roer alles goed door elkaar en laat de bloemkool gaar smoren.
Voeg de tomatenpuree toe zodra de bloemkool zacht is en laat de saus ca. 15 minuten pruttelen.
Kook de spaghetti in 8-10 minuten al dente in ruim kokend water met zout. Laat de spaghetti uitlekken. Vermeng de uitgelekte spaghetti met de rest van de olie, de margarine en de helft van de kaas. Doe de pasta over in een schaal, schenk de bloemkoolsaus erover en bestrooi de schotel met de rest van de kaas.

Lasagne met broccoli en mosterd-kaassaus

(4 porties)

1 kruidenbouillontablet
500 g broccoli, in kleine roosjes verdeeld (stronkjes kleingesneden)
75 g margarine
1 ui, gepeld en fijngesnipperd
1 teentje knoflook, gepeld en uitgeperst
50 g bloem
2 bakjes champignons, afgeborsteld en in plakjes gesneden
2 theelepels tijm
1 blikje tomatenpuree (70 g)
5 eetlepels hot tomatenketchup
zout
peper uit de molen
4 eetlepels Zaanse mosterd
1 bekertje crème fraîche
150 g geraspte oude kaas
ca. 10 vellen voorgekookte lasagne verdi

Breng in een pan een halve liter water met het kruiden-
bouillonblokje aan de kook. Laat de broccoliroosjes en
-stronkjes daarin ca. 3 minuten koken. Neem de broccoli
met een schuimspaan uit de pan en spoel de groente af onder koud stromend water. Neem de bouillon van het vuur
en laat deze iets afkoelen.
Verhit in een braadpan 50 g margarine en fruit daarin ui en
knoflook enkele minuten. Roer er op een laag vuur de
bloem door en voeg scheutje voor scheutje bouillon toe tot
een gebonden saus ontstaat. Laat de saus ca. 15 minuten
zachtjes doorkoken.
Verhit in een koekepan de rest van de margarine en bak
daarin de plakjes champignon tot het vocht is verdampt.
Neem de pan van het vuur en roer de tijm, de tomatenpuree en de ketchup door het mengsel. Breng op smaak met
zout en peper.
Roer mosterd, crème fraîche en de helft van de kaas door

de saus. Doe de helft van de saus over in een kom en meng de broccoli erdoor.

Beboter een ovenschaal (ca. 2 l) en verdeel een derde deel van het broccolimengsel over de bodem. Dek de laag af met lasagnevellen. Verdeel hierover een derde deel van het champignonmengsel en bestrooi deze laag met een derde deel van de overgebleven geraspte kaas. Leg hierop weer lasagnevellen en herhaal de procedure tot het broccoli- en het champignonmengsel op zijn. De laatste laag bestaat uit lasagnevellen.

Verdeel de achtergehouden kaas-mosterdsaus over de bovenkant.

Laat het gerecht in het midden van de tot 200°C voorverwarmde oven in ca. 45 minuten goudbruin en gaar worden.

Spaghetti met aubergine

(4 porties)

3 aubergines, gewassen en in dunne plakken gesneden
zout
500 g vleestomaten
6 eetlepels olijfolie
2 teentjes knoflook, gepeld en kleingesneden
6 basilicumblaadjes
peper uit de molen
500 g volkoren spaghetti
50 g parmezaanse kaas

Bestrooi de plakken aubergine met zout en laat ze ca. 30 minuten staan.

Dompel de tomaten in kokend water en ontvel ze. Snijd ze in vieren, verwijder de pitjes en snijd het vruchtvlees in kleine stukjes.

Verhit 4 eetlepels olie in een pan en fruit daarin de knoflook. Voeg de tomaten, wat zout en de basilicumblaadjes toe en laat alles ca. 15 minuten zachtjes bakken. Strooi er wat peper over zodra het vocht is verdampt.

Spoel de plakjes aubergine af en dep ze droog met keukenpapier. Bak de plakjes goudgeel in 2 eetlepels olijfolie. Laat ze uitlekken op keukenpapier.

Kook de spaghetti al dente volgens de gebruiksaanwijzing op de verpakking. Giet de spaghetti af en doe de pasta over in een schaal. Schep de saus erdoor en garneer het gerecht met plakken aubergine en parmezaanse kaas.

Cannelloni met kwark

(4 porties)

275 g cannelloni
100 g (room)kwark
75 g Mon Chou
50 g fijngehakte walnoten
margarine
3 dl Italiaanse tomatensaus

Kook de cannelloni al dente volgens de gebruiksaanwijzing op de verpakking.
Vermeng kwark en Mon Chou met elkaar en roer de walnoten erdoor. Vul de cannelloni met het kwarkmengsel.
Beboter een ovenschaal en leg de cannelloni erin.
Vermeng in een steelpan de tomatensaus met 3 dl water en schenk de saus over de cannelloni.
Plaats de schaal in het midden van de tot 200°C voorverwarmde oven en bak het gerecht in ca. 45 minuten gaar.

RIJST EN GRAANPRODUKTEN

Hartige bruine-rijstschotel

(4 porties)

200 g gare bruine rijst
250 g magere cottage cheese, uitgelekt
2 stengels bleekselderie, fijngehakt
2 eetlepels yoghurt
1 eetlepel citroensap
2 sjalotjes, gepeld en fijngesnipperd
peper uit de molen
1 losgeklopt ei

Doe alle ingrediënten in een ingevette ovenschaal en meng ze goed door elkaar.
Plaats de schaal in het midden van de tot 180°C voorverwarmde oven en bak het gerecht ca. 40 minuten tot het stevig is. Zet de schaal eventueel nog even onder de hete grill voor een mooi bruin korstje.

Groentepaella

(4 porties)

3 eetlepels olijfolie
2 grote uien, gepeld en in ringen gesneden
300 g bruine rijst
2 teentjes knoflook, gepeld en uitgeperst
1/2 rode, 1/2 groene en 1/2 gele paprika, in reepjes gesneden
1 blikje ontvelde tomaten, uitgelekt en kleingesneden (sap opvangen)
zout en peper
6 dl groentebouillon
enkele draadjes saffraan
150 g diepvries doperwten
4 artisjokharten (uit blik of pot), gehalveerd
1 hardgekookt ei, gepeld en in plakjes gesneden

Kleur de bouillon geel met enkele draadjes saffraan.
Verhit de olie in een grote pan en fruit daarin de ui goudbruin. Voeg de rijst toe en laat deze glazig worden. Voeg knoflook, paprika en tomaat plus sap toe en breng het mengsel op smaak met zout en peper. Roer alles goed door en schenk de bouillon erbij. Doe het deksel op de pan en laat de rijst op een zacht vuurtje in ca. 40 minuten gaar worden. Roer regelmatig om.
Voeg 5 minuten voor het einde van de kooktijd de doperwten toe.
Garneer de paella met artisjokharten en plakjes ei.

Rijst met aubergines

(4 porties)

margarine
1/2 theelepel kaneel
2 kruidnagels
1/2 theelepel kardamom
1/2 theelepel sambal
200 g rijst
zout
1 ui, gepeld en kleingesneden
2 aubergines, in plakken gesneden
olijfolie

Verhit 2 eetlepels margarine in een pan en fruit daarin kaneel, kruidnagels, kardamom en sambal ca. 2 minuten.
Voeg de rijst toe en laat deze al omscheppend ca. 3 minuten meefruiten.
Voeg 3 dl water en wat zout toe en breng het mengsel aan de kook. Draai het vuur laag, doe het deksel op de pan en laat het geheel in ca. 20 minuten gaar koken.
Verhit 2 eetlepels margarine in een koekepan en fruit hierin de ui lichtbruin.
Verhit in een andere pan wat olie en bak de plakken aubergine aan beide zijden lichtbruin en gaar.
Leg uien en plakken aubergine op de rijst en laat alles goed doorwarmen.

Rijst met groenten en tahoe

(2 porties)

125 g zilvervliesrijst
1/2 kruidenbouillontablet
sap van 1 sinaasappel
1/2 eetlepel sojasaus
1/2 theelepel koenjit
1 theelepel kerriepoeder
zout
peper uit de molen
1 teentje knoflook, gepeld en uitgeperst
150 g tahoe, in dunne plakken gesneden
2 eetlepels olie
1 kleine ui, gepeld en in dunne ringen gesneden
1/2 rode en 1/2 groene paprika, in reepjes gesneden
2 schijven ananas, in stukjes gesneden (sap bewaren)
100 g taugé
fijngeknipt bieslook

Kook de rijst volgens de gebruiksaanwijzing op de verpakking (voeg een half kruidenbouillontablet aan het kookvocht toe).
Doe sinaasappelsap, sojasaus, koenjit, kerriepoeder, zout en peper in een kom en roer hier een marinade van. Voeg de knoflook toe en roer de marinade nog even goed door.
Leg de plakken tahoe op een schaal en schenk de marinade erover. Laat de plakken tahoe ca. 1 uur marineren.
Verhit de olie in een pan met een anti-aanbaklaag en bak hierin ui en paprika ca. 5 minuten op een laag vuur. Voeg de rijst, de ananas (plus wat sap) en de taugé toe en schep alles goed door elkaar. Doe het deksel op de pan en verwarm het geheel nog ca. 2 minuten. Breng op smaak met zout en peper, enkele druppels marinade en eventueel naar smaak nog wat ananassap.
Leg de tahoe op het groente-rijstmengsel, dek de pan opnieuw af en verwarm het gerecht nog ca. 3 minuten. Garneer de schotel met bieslook.

Rijstschotel met venkel

(4 porties)

4 eetlepels olie
1 ui, gepeld en fijngesnipperd
300 g rijst
250 g venkel, schoongemaakt en in stukjes gesneden
1 winterwortel, geschrapt en kleingesneden
250 g tomaten, gewassen, ontveld en in stukjes gesneden
zout en peper
fijngehakt basilicum
margarine
1 dl witte wijn
4 dl groentebouillon

Verhit de olie en fruit daarin de ui. Voeg rijst, venkel en
winterwortel toe en bak alles even mee tot de rijst begint te
kleuren. Voeg de tomaten toe en bestrooi het geheel met
zout, peper en basilicum.
Doe het mengsel over in een beboterde ovenschaal. Schenk
de wijn en de kokende bouillon erover. Dek de schaal af en
schuif hem in de tot 175°C voorverwarmde oven. Laat het
gerecht in 30-45 minuten gaar worden.

Rijst met kool uit de oven

(4 porties)

margarine
1 savooiekool, schoongemaakt en vrij grof gesneden
2 uien, gepeld en kleingesneden
zout
200 g rijst
3 dl groentebouillon
150 g champignons, afgeborsteld en in plakjes gesneden
50 g geraspte belegen kaas
1 losgeklopt ei
peper uit de molen

Verhit 50 g margarine in een grote pan en fruit daarin 1 ui en de kool al omscheppend ca. 10 minuten. Neem de pan van het vuur en houd het mengsel warm.
Kook de rijst in de groentebouillon met wat zout op een laag vuur in ca. 20 minuten gaar.
Verhit 1 eetlepel margarine in een koekepan en fruit hierin de champignons en de andere ui ca. 3 minuten.
Vermeng de rijst met het champignon-uimengsel, de kaas, het ei en zout en peper naar smaak.
Vet een ovenschaal in en leg hierin laag om laag kool en rijst. De bovenste laag moet uit kool bestaan. Leg hier en daar een klontje margarine.
Plaats de schaal in het midden van de tot 175°C voorverwarmde oven en bak het gerecht in ca. 30 minuten tot het mooi bruin van kleur is geworden en door en door warm.

Spaanse rijst

(4 porties)

250 g rijst
2 eetlepels bakvet
1 ui, gepeld en fijngesnipperd
3 tomaten, gewassen en in plakjes gesneden
2 paprika's, schoongemaakt en kleingesneden
zout
1 laurierblaadje
selderiezout
1/2 theelepel kerriepoeder

Was de rijst en laat de korrels in het vet smoren tot ze droog zijn. Voeg ui, tomaat, paprika, een halve theelepel zout en het laurierblaadje toe, roer alles goed door elkaar en laat het geheel nog ca. 5 minuten smoren.
Voeg wat selderiezout, kerriepoeder en een halve tot drie kwart liter warm water toe, dek de pan af en laat het gerecht bij een matige temperatuur in 40-50 minuten gaar worden.

Eenvoudige kerrierijst

(2 porties)

125 g rijst
1 eetlepel margarine
2 theelepels kerriepoeder
1 teentje knoflook, gepeld en uitgeperst
uienpoeder
peper uit de molen
zout

Kook de rijst volgens de gebruiksaanwijzing op de verpakking.
Smelt de margarine in een pan en doe de rijst erbij. Strooi
kerriepoeder over de rijst en schep alles goed door elkaar
op een matig vuur.
Voeg de knoflook toe en breng het gerecht op smaak met
uienpoeder, peper en zout.
Schep het rijstmengsel nogmaals goed om tot het door en
door warm is.

Bieslookrijst met witte kool

(2 porties)

150 g zilvervliesrijst
zout
2 eetlepels maïskiemolie
1 grote ui, gepeld en fijngesnipperd
1 kleine witte kool (ca. 500 g), schoongemaakt en in dunne reep-
jes gesneden
300 g tomaten, gewassen, ontveld en kleingesneden
1 bosje fijngeknipt bieslook
1/2 bosje fijngehakte peterselie
2 eetlepels crème fraîche

Kook de rijst gaar volgens de gebruiksaanwijzing op de verpakking.
Verhit de olie en fruit daarin de ui enkele minuten. Voeg de kool en de tomaten toe. Laat alles aan de kook komen, doe het deksel op de pan en laat de massa ca. 5 minuten zachtjes pruttelen. Strooi er wat zout over en roer het bieslook erdoor.
Schep de rijst en de groenten op voorverwarmde borden en garneer het geheel met peterselie en crème fraîche.

Rijst met eieren en champignonsaus

(4 porties)

250 g rijst
8 dl kruidenbouillon
25 g margarine
1 ui, gepeld en fijngesnipperd
1 teentje knoflook, gepeld en uitgeperst
250 g champignons, afgeborsteld en in plakjes gesneden
25 g bloem
2 eetlepels fijngehakte peterselie
zout en peper
4 hardgekookte eieren, gepeld en overlangs doormidden gesneden
2 eetlepels fijngeknipt bieslook

Kook de rijst in ca. 20 minuten droog en gaar in 5 dl bouillon. Houd de rijst warm.
Verhit de margarine in een pan en fruit hierin ui en knoflook ca. 3 minuten. Voeg de champignons toe en fruit deze 3 minuten mee. Roer de bloem door het ui-champignonmengsel. Voeg al roerend scheutje voor scheutje de rest van de bouillon toe tot een gebonden saus ontstaat. Roer de peterselie door de saus en breng deze op smaak met zout en peper.
Schep de rijst op een schaal en leg de eieren erop. Schenk de saus erover en bestrooi het geheel met bieslook.

Haverrotsjes met savooiekool

(4 porties)

200 g havervlokken, fijn
1/4 l koolzuurhoudend bronwater
3 eetlepels karnemelk
2 eetlepels olie
100 g savooiekool, fijngesneden
50 g fijngehakte hazelnoten
nootmuskaat, karwijzaad, kervel
mosterdpoeder, zout

Vermeng de havervlokken met bronwater, karnemelk en olie en laat het geheel 1 uur staan.
Stoof de savooiekool eventjes met een beetje water in olie.
Laat de koolsnippers uitlekken en vermeng ze met de havervlokken. Voeg de noten toe en breng het mengsel op smaak met de kruiderijen.
Vorm met behulp van twee lepels kleine bergjes van het mengsel, leg deze op een bakplaat en laat ze in het midden van de tot 180°C voorverwarmde oven ca. 30 minuten bakken.

Gebakken haverplakjes met sesam

(4 porties)

250 g havervlokken
1/2 l gekoeld bronwater
3 eetlepels olie
1 theelepel zout
1 theelepel koriander
1/2 theelepel nootmuskaat
piment
margarine
melk
2 eetlepels sesamzaad

Vermeng havervlokken, bronwater, olie, zout, koriander, nootmuskaat en een beetje piment met elkaar.

Spreid het mengsel uit over een ingevette bakplaat, sprenkel er 2 eetlepels melk over en bestrooi het geheel met sesamzaad.

Schuif de bakplaat in het midden van de niet voorverwarmde oven en laat de 'koek' op 200°C ca. 40 minuten bakken. Snijd de 'koek' in plakken van gewenste grootte.

Havermout-bloemkooltaart

(2 porties)

voor de vulling:
40 g havermout
30 g geraspte cheddar
30 g margarine, in stukjes gesneden

voor de bodem:
1/2 middelgrote bloemkool, in roosjes verdeeld
50 g geraspte cheddar
30 g tarwekiemen
nootmuskaat
zout en peper

Vermeng havermout en kaas in een kom en kneed er met de vingers de stukjes margarine door tot een grof kruimeldeeg ontstaat.

Kook de bloemkoolroosjes in weinig water in ca. 10 minuten gaar. Laat ze goed uitlekken. Maak de bloemkool fijn, roer de kaas en de tarwekiemen erdoor en breng het geheel op smaak met nootmuskaat, zout en peper.

Schep het bloemkoolmengsel in een kleine, ingevette ovenschaal. Verdeel daarover het kruimeldeeg en druk dat licht aan.

Bak de taart ca. 20 minuten in de tot 190°C voorverwarmde oven.

Maïssoufflé

(4 porties)

200 g maïsgriesmeel
50 g volkorenmeel
2 dl karnemelk
4 eetlepels olie
foelie
zout
2 dl koolzuurhoudend bronwater

Verwarm de oven voor tot 160°C.
Vermeng het maïsgriesmeel met het volkorenmeel. Roer
karnemelk, olie, foelie en zout door elkaar en voeg scheutje
voor scheutje het bronwater toe.
Vermeng het karnemelkmengsel met het maïsmengsel.
Doe de massa over in een ingevette ovenschaal en bak de
soufflé in 20-30 minuten gaar.

Maïstaartjes met spinaziesaus

(2 porties)

50 g magere kwark
1 eetlepel olie
50 g volkorenmeel
1 ei
1/2 dl volle yoghurt
1/2 theelepel koenjit
zout en peper
25 g gorgonzola, verkruimeld
150 g maïskorrels, uitgelekt
2 eetlepels paneermeel
250 g spinazie, gewassen en uitgezocht
1 theelepel tijm
1 bekertje zure room

Roer in een kom de kwark los met de olie. Roer er meel en 1/4 theelepel zout door en kneed het geheel tot een soepel deeg. Zet het deeg tot gebruik afgedekt in de koelkast.
Roer in een andere kom het ei los met yoghurt, koenjit, zout en peper. Roer de kaas erdoor. Verwarm de oven voor tot 200°C. Vet twee lage ronde metalen bakvormpjes (10 cm doorsnede) in en bestrooi ze met paneermeel.
Verdeel het deeg in tweeën en druk het in de vormpjes. Snijd het overtollige deeg weg. Prik veel gaatjes in de bodem.
Verdeel de maïs over de bodem en schenk het eiermengsel erover. Laat de taartjes in het midden van de oven in ca. 10 minuten goudbruin bakken.
Laat de spinazie met aanhangend water en tijm slinken en in 5 minuten gaar koken. Laat de groente iets afkoelen. Pureer de spinazie met de zure room in een mengbeker.
Doe de saus terug in de pan en breng haar op smaak met zout en peper. Warm de saus nog even goed door.
Neem de maïstaartjes uit de oven en laat ze even rusten. Wip de taartjes voorzichtig uit de vormpjes. Verdeel de spinaziesaus over twee borden en zet een taartje in het midden.

Gerstpuree

(4 porties)

160 g gerstevlokken, fijn
1/2 l water
1/4 l warme melk
20 g margarine
koriander, foelie
zout

Breng het water aan de kook, strooi de gerstevlokken er al roerend bij en laat ze 5 minuten koken.

Verwarm de melk tot ca. 70°C en roer deze samen met de margarine door de gekookte gerstevlokken. Klop alles stevig door elkaar. Breng de puree op smaak met koriander, foelie en zout. Wikkel de pan in krantepapier, doe er een deken omheen en laat de puree ca. 30 minuten nawellen.

Gerstschotel

(4 porties)

250 g gerstekorrels
50 g margarine
2 wortels, geschrapt en kleingesneden
1 prei, in ringen gesneden
1 kleine sederieknol, geschild en kleingesneden
kruidenzout
fijngehakte tuinkruiden

Was de gerstekorrels en smoor ze in 30 g margarine al roerend droog. Voeg een halve liter warm water (en zo nodig nog een kwart liter koud water) toe en laat de korrels ca. 30 minuten op een laag vuur koken.
Voeg wortel, prei, selderie en kruidenzout toe, roer alles goed door elkaar en laat het geheel gaar koken.
Roer er tot slot de fijngehakte tuinkruiden en 20 g margarine door.

Gierstfrikadellen

(4 porties)

1 kleine ui, gepeld en fijngesnipperd
olie
250 g gierst
5/8 l groentebouillon
kruidenzout en peper
1 teentje knoflook, gepeld en uitgeperst
1/2 bosje fijngehakte kervel
1 bosje fijngehakte dille
1 bosje fijngehakte peterselie
1-2 eieren
havervlokken

Verhit 2 eetlepels olie en fruit daarin de ui enkele minuten. Voeg de gewassen gierst en de bouillon toe. Breng het mengsel aan de kook en laat het ca. 20 minuten zachtjes pruttelen (zo nodig wat water toevoegen). Laat de gierst vervolgens afkoelen.
Breng de gierst op smaak met kruidenzout, peper en knoflook. Roer de fijngehakte tuinkruiden en het ei (of de eieren) erdoor. Zo nodig binden met havervlokken.
Vorm met de handen frikadellen van de gierstmassa en bak deze in hete olie goudbruin.

Gierst met tomatensaus en kaas

(4 porties)

500 g gierst
zout
30 g margarine
1 ui, gepeld en kleingesneden
olie
1/8 l tomatensap
rozemarijn
1 theelepel marjolein
1 pepermuntblaadje, fijngehakt
100 g geraspte belegen kaas

Was de gierst eerst in koud en daarna in heet water. Laat de gierst drogen en kook het graan vervolgens ca. 15 minuten in een halve liter kokend water. Voeg 1 theelepel zout en de margarine toe. Roer alles goed door elkaar, doe het deksel op de pan en laat de gierst op een zacht vuur ca. 40 minuten wellen. Maak de gierst los met een vork.
Verhit de olie en fruit hierin de ui enkele minuten.
Vermeng de gierst met ui, tomatensap, wat rozemarijn, marjolein, pepermunt en kaas. Roer alles goed door elkaar.

Gierstsoufflé met asperges

(2 porties)

2 eieren
40 g gierstvlokken
4 eetlepels magere yoghurt
zout
witte peper uit de molen
2 eetlepels gemengde gehakte tuinkruiden
400 g gekookte asperges, in stukjes gesneden
4 eetlepels geraspte parmezaanse kaas

Klop de eieren los met de gierstvlokken en de yoghurt.
Kruid het mengsel flink met zout, peper en tuinkruiden.
Roer de stukjes asperge erdoor.
Doe de massa over in een ovenschaal. Zet de schaal in de
tot 175°C voorverwarmde oven en bak de soufflé ca. 20
minuten. Bestrooi het gerecht met geraspte kaas en zet de
schaal nog 5 minuten in de oven.

Roggepudding

(4 porties)

500 g roggekorrels
zout
30 g margarine
tijm
150 g gerstevlokken
mineraalwater
250 g magere kwark
5 eetlepels olie
1 theelepel karwijzaad
gemberpoeder
beschuitkruim

Was de roggekorrels en laat ze maximaal 10 uur in een halve liter water weken. Kook de korrels ca. 11/2 uur in het weekvocht (voeg zo nodig nog wat koud water toe). Breng op smaak met 1 theelepel zout, margarine en wat tijm. Laat de korrels 1 uur nawellen.
Week de gerstevlokken in 1/8 liter mineraalwater.
Vermeng geweekte gerstevlokken, kwark, olie, 1 theelepel zout, karwijzaad en wat gemberpoeder met elkaar. Voeg de roggekorrels toe en roer alles goed door elkaar.
Doe het mengsel over in een ingevette en met beschuitkruim bestrooide puddingvorm. Kook de pudding ca. 1 uur au bain-marie. Stort de pudding op een schaal.

Roggeschotel

(4 porties)

120 g roggekorrels
2 middelgrote uien, gepeld en fijngesnipperd
20 g margarine
4 eieren
1 bekertje zure room
ca. 1/8 l slagroom
2 eetlepels geraspte kaas
300 g aardappels, geschild en grof geraspt
400 g worteltjes, geschrapt en grof geraspt
zout en peper
fijngehakte peterselie

Laat de roggekorrels een nacht weken in water. Kook ze de volgende dag ca. 1 uur in het weekwater. Giet ze af en laat ze drogen.

Verhit de margarine en fruit daarin de ui enkele minuten. Roer de ui door de rogge.

Klop de eieren los met zure room, slagroom en geraspte kaas. Vermeng het eiermengsel met de aardappels en de worteltjes en breng het geheel op smaak met zout en peper. Beboter een ovenschaal en schep daarin laag om laag roggekorrels en aardappel-wortelmengsel. Zet de schaal ca. 45 minuten in het midden van de oven (180°C) en laat alles mooi goudbruin en gaar worden.

Boekweit-kwarkballetjes

(4 porties)

250 g magere kwark
60-70 g gemengd boekweite- en tarwemeel
1 eetlepel olie
zout
nootmuskaat
geraspte schil van 1 citroen
piment
1 theelepel gedroogd basilicum

Meng kwark, meel, olie, 1 theelepel zout, wat nootmuskaat, citroenrasp, piment en basilicum goed door elkaar.
Steek balletjes uit het mengsel en laat deze in kokend water
met zout in ca. 10 minuten gaar worden.

Wintergroenten met bulgur

(4 porties)

1 venkelknol (ca. 250 g)
200 g champignons, afgeborsteld en kleingesneden
2 eetlepels citroensap
4 eetlepels zonnebloemolie
250 g bulgur (gestoomde tarwe)
1/2 l groentebouillon
2 grote uien, gepeld en fijngesnipperd
500 g soepgroenten (prei, knolselderie, wortel e.d.), schoonge-
maakt en kleingesneden
zout en peper
1 theelepel karwijzaadjes
100 g (koffie)room
1 bosje fijngehakte peterselie

Verwijder het bladgroen van de venkel en houd dat apart.
Verwijder het buitenste blad van de venkelknol en snijd de
stengels vlak boven de knol af. Snijd de knol doormidden
en vervolgens in reepjes.
Vermeng champignons met citroensap.
Verhit 1 eetlepel olie en bak daarin de bulgur al roerend
enkele minuten. Voeg de bouillon toe en laat alles aan de
kook komen. Doe het deksel op de pan en laat de massa ca.
20 minuten zachtjes doorkoken.
Verhit de rest van de olie en fruit daarin de ui glazig. Voeg
soepgroenten en venkelreepjes toe en bak die al roerend
enkele minuten mee. Breng de groenten op smaak met
zout, peper en karwijzaad. Roer de room door het mengsel, breng het aan de kook, doe het deksel op de pan en laat
alles ca. 5 minuten pruttelen.
Roer de champignons door het bulgurmengsel en laat ze
even warm worden. Garneer de groenten en de bulgur met
fijngehakte peterselie en venkelgroen.

EIERGERECHTEN

Omelet met pistachenoten

(2 porties)

50 g pistachenoten, gedopt
1 eetlepel margarine
3 losgeklopte eieren
1 eetlepel koffieroom
peper uit de molen
zout

Verhit de margarine in een koekepan en fruit hierin heel even de noten.

Schenk de losgeklopte eieren over de noten en voeg vervolgens de koffieroom toe.

Prik af en toe met een vork in de omelet en laat haar op een niet te hoog vuur bakken tot de onderkant goudbruin is.

Bestrooi de omelet met peper en zout.

Laat de omelet voorzichtig op een platte voorverwarmde schaal glijden en vouw haar dubbel.

Omelet met spinazie en Dana Blue

(2 porties)

4 eieren
2 eetlepels melk
zout en peper
1 eetlepel plantaardige olie
1/2 venkelknol, geschild en in stukjes gesneden
600 g spinazie, gewassen en uitgelekt
1 teentje knoflook, gepeld en uitgeperst
50 g Dana Blue, in stukjes gesneden
20 g margarine

Klop de eieren los met melk, zout en peper.
Verhit de olie in een braadpan en bak de venkel ca. 1 minuut. Voeg spinazie en knoflook toe en laat de groente op een hoog vuur al omscheppend in ca. 5 minuten slinken.
Giet de spinazie af, roer de stukjes kaas erdoor en laat ze smelten. Breng op smaak met zout en peper.
Verhit de margarine in een koekepan en bak van het eiermengsel een omelet.
Laat de omelet op een groot bord glijden en schep de spinazie op één helft. Vouw de omelet dubbel.

Courgette-omelet

(4 porties)

500 g courgette, in dunne plakken gesneden
300 g aardappels, geschild en in plakjes gesneden
3 eetlepels olijfolie
zout en peper
knoflookpoeder
6 eieren
11/2 dl melk
100 g geraspte emmentaler

Verhit de olie in een pan en laat de plakjes aardappel daarin in ca. 10 minuten gaar worden. Voeg de plakken courgette toe en bak deze ca. 5 minuten mee.
Klop de eieren los met melk, zout, peper en knoflookpoeder en schenk het mengsel over de aardappel-courgettemassa. Strooi de geraspte kaas erover. Laat de eieren op een matig vuur stollen.

Omelet uit het Oosten

(4 porties)

150 g champignons, afgeborsteld en in plakjes gesneden
20 g margarine
peper uit de molen
zout
knoflookpoeder
kerriepoeder
50 g taugé, gewassen en uitgelekt
5 eieren
4 eetlepels melk
1 eetlepel ketjap asin

Verhit de margarine en smoor hierin de champignons zachtjes en al omscheppend ca. 2 minuten. Voeg peper, zout, een mespunt knoflookpoeder en een mespunt kerriepoeder toe en smoor de taugé heel even mee.
Klop de eieren los met melk en ketjap. Schenk het eiermengsel over de champignons.
Bak de omelet tot de onderkant goudbruin is. Prik met een vork steeds in de eiermassa, zodat het mengsel niet te vast wordt.
Doe de omelet over op een voorverwarmde schotel en vouw haar dubbel.

Ei met sperzieboontjes en noten

(2 porties)

175 g gare sperziebonen
2 eetlepels droge witte wijn
1 grote ui, gepeld en fijngesnipperd
2 hardgekookte eieren, gepeld en fijngeprakt
50 g gemalen walnoten
1 eetlepel yoghurt
nootmuskaat
1/2 eetlepel fijngehakte peterselie
peper uit de molen
zout

Pureer de bonen met de wijn. Roer alle overige ingrediënten goed door de puree.
Bekleed een vorm met vetvrij papier en doe het bonenmengsel erin. Druk het mengsel aan.
Plaats de vorm afgedekt in de koelkast totdat het gerecht goed koud is geworden.

Eieren uit Schotland

(4 porties)

2 uien, gepeld en fijngesnipperd
400 g gekookte sojabonen
1/2 theelepel gedroogde tijm
1 theelepel gedroogde salie
peper uit de molen
zout
2 eieren
4 hardgekookte eieren, gepeld
paneermeel
frituurvet

Doe uien, sojabonen, tijm, salie, zout en peper in een kom en meng alles goed door elkaar. Voeg 1 rauw ei toe aan het sojabonenmengsel.

Verdeel de massa in vier porties. 'Verpak' de hardgekookte eieren elk voorzichtig in een portie bonenmengsel.

Klop het resterende rauwe ei los in een kommetje. Wentel de verpakte eieren door het losgeklopte ei en vervolgens door het paneermeel.

Verhit het frituurvet en bak hierin de eieren goudbruin. Laat de eieren na het bakken uitlekken op keukenpapier.

Eieren in groene tuinkruiden

(4 porties)

8 hardgekookte eieren, gepeld en overlangs gehalveerd
100 g veldsla
2 tomaten, gewassen en in plakjes gesneden

voor de saus:
225 g kwark
1/8 l slagroom, half stijf geklopt
1 eetlepel citroensap
1 theelepel suiker
tabasco
zout
ca. 3 eetlepels fijngehakte groene tuinkruiden

Doe kwark, slagroom, citroensap, suiker, enkele druppels tabasco, zout en groene tuinkruiden in een kom en klop hier een saus van.
Verdeel de veldsla over een platte schaal en zet de eieren met de snijkant op de sla.
Schenk de saus over de eieren en garneer het gerecht met plakjes tomaat.

Gegratineerde eieren met champignonsaus

(4 porties)

25 g margarine
1 ui, gepeld en kleingesneden
1 teentje knoflook, gepeld en uitgeperst
200 g champignons, afgeborsteld en in plakjes gesneden
25 g bloem
2 dl kruidenbouillon
1 dl droge witte wijn
1/2 dl koffieroom
zout en peper
6 hardgekookte eieren, gepeld en overlangs doormidden gesneden
50 g geraspte belegen kaas

Verhit de margarine in een pan en fruit hierin ui en knoflook ca. 3 minuten. Voeg de champignons toe en fruit deze 3 minuten mee. Roer de bloem door het champignonmengsel. Voeg al roerend scheutje voor scheutje bouillon, wijn en koffieroom toe tot een gebonden saus ontstaat. Breng de saus op smaak met zout en peper en laat alles ca. 5 minuten zachtjes koken.
Leg de gehalveerde eieren met de snijkant naar beneden in een ingevette ovenschaal. Schenk de saus erover en bestrooi het geheel met geraspte kaas.
Grilleer het gerecht ca. 5 minuten onder de voorverwarmde grill tot de kaas gesmolten is en lichtbruin begint te kleuren.

Eierpâté met olijven

(4 porties)

6 blaadjes witte gelatine
4 hardgekookte eieren, gepeld en in stukjes gesneden
8 zwarte olijven, ontpit en kleingesneden
1 theelepel geraspte citroenschil
11/2 dl mayonaise
zout en peper

Laat de gelatine ca. 10 minuten weken in een kom met ruim koud water.
Meng in een andere kom ei, olijven, citroenrasp en mayonaise goed door elkaar. Breng het mengsel op smaak met zout en peper.
Verhit in een steelpan 3 eetlepels water. Knijp de gelatine goed uit en los de blaadjes op in het hete water (van het vuur af). Roer het gelatinemengsel door het eiermengsel.
Spoel een rechthoekige (plastic) vorm (ca. 1/2 l) om met koud water. Schep het eiermengsel erin en laat het ten minste 4 uur in de koelkast opstijven.
Stort de pâté op een schaal en snijd er plakken van.

Eierfricassee

(4 porties)

50 g margarine
1 ui, gepeld en fijngesnipperd
50 g bloem
6 dl kruidenbouillon
1 dl koffieroom
4 zoetzure augurkjes, kleingesneden
2 eetlepels kappertjes
zout en peper
6 hardgekookte eieren, gepeld en in plakjes gesneden
2 eetlepels fijngehakte peterselie

Verhit de margarine in een pan en fruit de ui enkele minuten (de ui mag niet bruin worden). Roer de bloem erdoor en voeg scheutje voor scheutje de bouillon en de
koffieroom toe. Roer tot een gebonden saus ontstaat.
Roer augurkjes en kappertjes door de saus en breng deze
op smaak met zout en peper. Laat de saus op een laag vuur
ca. 5 minuten doorkoken.
Roer de plakjes ei door de saus en laat de fricassee even
door en door warm worden. Garneer met fijngehakte peterselie.

Eierragoût in een broodje

(4 porties)

30 g margarine
30 g bloem
21/2 dl groente- of kruidenbouillon
1/2 dl koffieroom
1/2 eetlepel groene peperkorrels
zout en peper
ca. 5 fijngeknipte sprieten bieslook
4 hardgekookte eieren, gepeld en kleingesneden
4 harde broodjes, kapje eraf gesneden en iets uitgehold

Verhit de margarine en meng de bloem erdoor. Laat het mengsel goed warm worden.

Schenk al roerend scheutje voor scheutje de bouillon bij het bloemmengsel tot een gladde saus ontstaat.

Verdun de saus met koffieroom en breng haar op smaak met peperkorrels, zout, peper en bieslook. Schep de eieren door de saus.

Vul de broodjes met de eierragoût en zet de kapjes er weer op.

Eierfondue

(2 porties)

1 teentje knoflook
6 eieren
11/2 dl witte wijn
zout en peper
150 g geraspte belegen kaas
evt. aardappelmeel
kirsch
stokbrood
rauwkost

Wrijf een fonduepan in met het doorgesneden teentje
knoflook.
Klop de eieren los met de wijn, zout en peper. Voeg de
kaas toe en verwarm alles zachtjes gedurende 15 minuten.
Bind de saus eventueel met aangelengd aardappelmeel.
Voeg een scheutje kirsch toe en serveer de fondue met
stokbrood en rauwkost (b.v. bloemkoolroosjes, reepjes paprika, plakken komkommer en worteltjes).

HARTIGE BAKSELS

Kaasrand met broccoli

(4 porties)

1/2 bloemkool, in roosjes verdeeld
500 g broccoli, in roosjes verdeeld (stronkjes kleingesneden)
2 eetlepels margarine
1/2 dl witte wijn
zout en peper
1 theelepel karwijzaad
2 Goudse kaasjes à 400 g

Verhit de margarine in een braadpan. Laat de bloemkool-roosjes en de broccoliroosjes en -stronkjes hierin ca. 3 minuten bakken.
Voeg de wijn toe en laat alles ca. 5 minuten stoven. Breng het groentemengsel op smaak met zout, peper en karwijzaad.
Snijd met een kaasschaaf de korst van de kaasjes dun af en hol de kaasjes uit tot op 2 cm van de rand.
Schep de uitgesneden kaas door het groentemengsel.
Beboter een ovenschaal, zet de uitgeholde kaasjes erin, vul ze met het groentemengsel en schik de rest van het mengsel eromheen. Dek de schaal af met aluminiumfolie. Verwarm de oven voor tot 200°C.
Zet de schaal in het midden van de oven en laat de kaas in ca. 10 minuten smelten. Verwijder het folie en dien het gerecht direct op.

Schapekaaspie

(4 porties)

8 plakjes diepvries bladerdeeg
40 g margarine
40 g bloem
1 kopje witte wijn
1/4 l melk
500 g schapekaas
6 eieren
1 bosje fijngeknipt bieslook
1 bosje fijngehakte peterselie
2 teentjes knoflook, gepeld en uitgeperst
zout en peper
nootmuskaat
olie
1 eierdooier
1 theelepel grof gemalen koriander
1 theelepel grof gemalen komijn
1 theelepel kardamom

Laat de plakjes bladerdeeg naast elkaar op het werkblad ontdooien. Leg steeds twee plakjes op elkaar en rol ze uit tot een ronde lap ter grootte van een springvorm.

Verhit de margarine en roer de bloem erdoor. Laat de bloem enkele minuten fruiten. Voeg al roerend scheutje voor scheutje de wijn en de melk toe. Neem de pan van het vuur zodra de massa aan de kook komt. Verkruimel de schapekaas boven de pan. Roer de eieren erdoor, alsmede de kruiden en de knoflook. Breng het mengsel op smaak met zout, peper en nootmuskaat.

Vet een springvorm in en vul deze laag om laag met bladerdeeg en schapekaasmengsel. De laatste laag bestaat uit bladerdeeg.

Klop de eierdooier los met een beetje water en bestrijk de bovenste deeglap ermee. Bestrooi het geheel met de kruiden.

Zet de schaal in het midden van de tot 200°C voorverwarmde oven en bak de pie ca. 30 minuten.

Roomkaastaart

(4 porties)

voor het deeg:
100 g volkoren tarwemeel
zout
1 ei
1 eetlepel zure room
80 g margarine

voor de vulling:
200 g verse roomkaas met kruiden
200 g magere kwark
2 eierdooiers
1 eetlepel fijngehakte dille
zout en peper
2 eiwitten
margarine
fijngehakte tuinkruiden (oregano en basilicum)

Zeef het meel boven een kom. Roer er wat zout en het ei door. Voeg de zure room en de margarine toe en verwerk alles tot een glad deeg. Kneed het deeg goed door en laat het 30 minuten rusten.

Roer in een kom roomkaas, kwark, eierdooiers en dille goed door elkaar en breng het mengsel op smaak met zout en peper.

Klop de eiwitten stijf en spatel ze door het roomkaas-mengsel. Verwarm de oven voor tot 200°C.

Rol het deeg uit en bekleed er een ingevette springvorm (28 cm doorsnede) mee. Vorm een opstaand randje van ca. 3 cm.

Verdeel de roomkaasmassa over het deeg en bestrooi het geheel met fijngehakte tuinkruiden.

Bak de taart in 30-40 minuten gaar.

Komijnekaastaart met sperziebonen

(4 porties)

250 g sperziebonen, afgehaald
150 g bloem
150 g fijngehakte walnoten
1 theelepel zout
100 g koude margarine
300 g belegen komijnekaas, in plakjes gesneden

Kook de sperziebonen in ca. 15 minuten beetgaar. Laat ze uitlekken.

Doe gezeefde bloem, 50 g walnoten, zout en margarine in een kom. Snijd met twee messen de margarine klein, voeg 4 eetlepels koud water toe en kneed de massa snel tot een samenhangend deeg. Dek de kom af en laat het deeg ca. 1 uur in de koelkast rusten.

Vet een taartvorm met een doorsnede van 24 cm in.

Bestuif het werkblad met wat bloem en rol het deeg uit tot een ronde lap, ca. 2 cm groter dan de vorm. Bekleed de vorm met het deeg.

Leg twee derde van de kaas op de deegbodem en strooi daarover de rest van de walnoten. Schik de sperziebonen in de vorm en bekleed ze met de rest van de kaas.

Zet de vorm in de tot 200°C voorverwarmde oven (iets onder het midden) en bak de taart in ca. 30 minuten goudbruin en gaar.

Cheddartaart met spinazie

(ca. 6 porties)

1 pakje diepvries bladerdeeg
2 eetlepels olie
1 grote ui, gepeld en fijngesnipperd
450 g diepvries spinazie, ontdooid en uitgelekt
2 eetlepels bloem
300 g grof geraspte cheddar
2 eetlepels sesamzaad
margarine

Leg de plakjes bladerdeeg naast elkaar op het werkblad en laat ze in ca. 10 minuten ontdooien.
Verhit in een pan 1 eetlepel olie en fruit hierin de ui op een laag vuur. Neem de pan van het vuur en roer de spinazie erdoor.
Bestuif het werkblad met wat bloem en rol de plakjes bladerdeeg één voor één uit tot ze tweemaal zo groot zijn. Bestrooi het bladerdeeg met drie kwart van de cheddar en verdeel hierover plukjes spinazie-uimengsel. Rol de plakken bladerdeeg op.
Vet een taartvorm in van 26 cm doorsnede. Leg 1 rol bladerdeeg als een spiraal in het midden van de vorm. Maak met de overige bladerdeegrollen de spiraal steeds groter tot de rand van de vorm is bereikt. Dek de vorm af en zet deze ca. 30 minuten in de koelkast.
Besprenkel de taart met 1 eetlepel olie. Zet de vorm (niet afgedekt) iets onder het midden van de tot 200°C voorverwarmde oven en bak de taart ca. 40 minuten.
Neem de vorm even uit de oven en verdeel de rest van de kaas en het sesamzaad over de taart. Zet de taart nog ca. 10 minuten terug in de oven.

Bloemkooltaart

(4 porties)

175 g bloem
zout
100 g harde margarine
500 g bloemkool, in roosjes verdeeld
3 dl melk
1/2 kruidenbouillontablet
peper uit de molen
3 eieren
125 g geraspte belegen kaas

Zeef boven een kom 150 g bloem en doe er een snufje zout bij. Voeg 75 g margarine toe en snijd deze met twee messen in kleine stukjes. Voeg ca. 2 eetlepels koud water toe en kneed de massa snel tot een samenhangend deeg. Dek de kom af en zet het deeg ca. 1 uur in de koelkast.

Kook de bloemkool in ruim kokend water met zout in ca. 7 minuten beetgaar en laat de roosjes uitlekken in een vergiet.

Smelt de rest van de margarine in een steelpan, roer het restant bloem erdoor en laat het mengsel al roerend eventjes pruttelen. Schenk al roerend scheutje voor scheutje de melk erbij en laat de saus nog ca. 1 minuut doorkoken. Verkruimel het bouillonblokje boven de saus en breng het geheel op smaak met zout en peper. Neem de steelpan van het vuur en laat de saus iets afkoelen.

Klop de eieren los in een kommetje en meng de kaas erdoor. Roer het eier-kaasmengsel door de saus.

Rol het deeg met een deegrol uit tot een ronde lap van ca. 26 cm doorsnede. Beboter een springvorm van ca. 22 cm doorsnede en bekleed deze met het deeg.

Schep de bloemkool in de vorm en verdeel de kaassaus erover.

Plaats de vorm in het midden van de tot 200°C voorverwarmde oven en bak de taart in ca. 40 minuten gaar en goudbruin.

Snijbietquiche

(4 porties)

voor het deeg:
300 g bloem
zout
ca. 1/2 theelepel suiker
200 g koude margarine, in blokjes gesneden

voor de vulling:
750 g snijbiet, gewassen en uitgelekt
zout
200 g crème fraîche
1 dl slagroom
3 eieren
peper uit de molen
ca. 100 g geraspte belegen kaas
1 theelepel komijn

Doe in een beslagkom: gezeefde bloem, zout, suiker en margarine. Kneed de massa tot een bal (eventueel 1-2 eetlepels ijskoud water toevoegen). Wikkel het deeg in folie en laat het ca. 30 minuten in de koelkast rusten.
Bestuif het werkblad met wat bloem en rol het deeg uit tot een ronde lap van ca. 35 cm doorsnede.
Beboter een taartvorm van 30 cm doorsnede en bekleed deze met het deeg. Prik met een vork gaatjes in de deegbodem.
Haal de bladeren van de snijbiet van de stelen. Snijd de grote bladeren doormidden. Snijd alle bladeren vervolgens in reepjes en de steeltjes in stukjes.
Breng in een grote pan water met zout aan de kook en blancheer hierin de snijbiet ca. 1 minuut. Laat de groente uitlekken en afkoelen.
Verdeel de snijbiet over de quichebodem.
Klop crème fraîche, slagroom en eieren los met wat peper en zout. Schenk het mengsel over de groente en bestrooi het geheel met kaas en komijn.
Zet de vorm onder in de tot 225°C voorverwarmde oven en bak de quiche in ca. 30 minuten goudbruin.

Courgettetaart met Hüttenkäse

(4 porties)

100 g margarine
3 eierdooiers
1 theelepel zout
peper uit de molen
100 g zure room
2 theelepels gedroogd basilicum
150 g Hüttenkäse
300 g bloem
2 theelepels bakpoeder
3 eiwitten
2 eetlepels fijngehakte amandelen
margarine
300 g kleine courgettes, geschild en in plakjes gesneden

Doe in een beslagkom: margarine, eierdooiers, zout, peper, zure room en basilicum. Klop de ingrediënten tot een smeuïg beslag.

Roer de Hüttenkäse door het beslag en voeg vervolgens gezeefde bloem en bakpoeder toe. Schep tot slot de stijfgeslagen eiwitten luchtig door het beslag.

Vet een grote cakevorm in en bestrooi deze met amandelen. Schep de helft van het beslag in de vorm. Leg de plakjes courgette erop en bedek deze met de andere helft van het beslag.

Zet de vorm in het midden van de tot 175°C voorverwarmde oven en bak de taart in ca. 60 minuten goudbruin en gaar.

Stort de taart op een rooster en laat haar uitdampen.

Tomatentaart

(4 porties)

250 g uien, gepeld en in ringen gesneden
100 g margarine
zout
peper uit de molen
nootmuskaat
1 kg kleine tomaten, gewassen, drooggedept en ontdaan van
kroontje
2 eieren
1 bekertje crème fraîche
175 g bloem
50 g gesmolten margarine

Verhit 50 g margarine en fruit hierin de uien glazig. Breng ze op smaak met zout, peper en nootmuskaat.
Snijd de tomaten in plakjes van een halve centimeter. Leg de helft van de plakjes op de bodem van een springvorm (ca. 26 cm doorsnede). Bestrooi de plakjes met zout en peper. Verdeel de uienmassa erover en bedek deze weer met de resterende plakjes tomaat.
Klop de eieren los met de crème fraîche. Voeg beetje voor beetje de gezeefde bloem toe. Schenk langzaam de gesmolten margarine erbij en meng alles goed door elkaar. Voeg wat zout toe aan het beslag. Schenk het beslag over de tomaten in de springvorm.
Bak de taart 25-30 minuten in het midden van de tot 220°C voorverwarmde oven. Laat het baksel enkele minuten in de vorm afkoelen. Stort de taart vervolgens op een schaal en serveer haar warm.

Groente-maïstaart

(4 porties)

250 g gemalen maïs
1 l groentebouillon
1 ei
1 theelepel kerriepoeder
olie
100 g geraspte emmentaler
ca. 500 g courgette, in plakjes gesneden
500 g tomaten, gewassen en in plakjes gesneden
1 theelepel kruidenzout
peper
1 teentje knoflook, gepeld en uitgeperst
2 takjes fijngehakte marjolein
2 takjes fijngehakt basilicum

Breng de groentebouillon aan de kook en laat de maïs hierin bij matige hitte ca. 25 minuten wellen. Roer het ei door de massa en voeg kerriepoeder toe. Doe de massa over in een ingevette ovenschaal en laat haar afkoelen.
Strooi de helft van de geraspte kaas erover. Verdeel de plakjes courgette en tomaat over de maïsmassa. Strooi hierover kruidenzout, peper, knoflook, marjolein en basilicum en verdeel tot slot de resterende kaas erover.
Zet de schaal in het midden van de tot 220°C voorverwarmde oven en laat de taart in ca. 30 minuten gaar worden.

Uienbrood

400 g uien, gepeld en fijngesnipperd
40 g margarine
750 g volkoren tarwemeel
1 zakje gist
3-4 theelepels zeezout
1 ei
1 eierdooier

Verhit de margarine en fruit daarin de uien glazig. Laat ze afkoelen.
Vermeng in een beslagkom het meel en de gist met elkaar. Voeg zout, ei en 21/2 dl lauwwarm water toe, alsmede de afgekoelde uien. Kneed de ingrediënten met de kneedhaak van de mixer, eerst op de laagste en dan op de hoogste stand, in ca. 5 minuten tot een glad deeg. Laat het deeg op een warme plaats rijzen.
Neem het deeg uit de kom en kneed er met de handen een brood van. Laat het deeg op de bakplaat nog wat rijzen.
Klop de eierdooier los met 1 eetlepel water en bestrijk het brood ermee.
Schuif de plaat in het midden van de tot 200-225°C voorverwarmde oven en bak het brood ca. 60 minuten.

Sjalotjestaart

(4 porties)

300 g diepvries bladerdeeg
500 g sjalotjes, gepeld
20 g margarine
ca. 1 theelepel sojasaus
1 eetlepel fijngehakte peterselie

Laat de plakjes bladerdeeg naast elkaar op het werkblad ontdooien.
Verhit de margarine in een ovenschaal en bak hierin al omscheppend de sjalotten ca. 2 minuten. Breng de sjalotten op smaak met sojasaus en peterselie.
Rol het bladerdeeg uit tot een lap ter grootte van de ovenschaal. Leg de deeglap voorzichtig op de sjalotten zodat ze goed afgedekt zijn.
Plaats de schaal in het midden van de tot 200°C voorverwarmde oven en bak de taart in ca. 40 minuten goudbruin en gaar.

Worteltjespizza's

(12 stuks)

voor het deeg:
20 g verse gist
300 g volkoren tarwemeel
1 eetlepel maïskiemolie
1/2 theelepel zout
1 bosje fijngehakte peterselie
1 bosje fijngehakte zuring
2 teentjes knoflook, gepeld en fijngesnipperd

4 eetlepels maïskiemolie
1 eetlepel fijngehakt basilicum

voor de vulling:
900 g worteltjes, geschrapt en in dunne plakjes gesneden
3 eetlepels maïskiemolie
zout
300 g mozzarella, in blokje gesneden
zout en peper

Los de gist op in 2-3 eetlepels lauwwarm water. Doe gistoplossing, tarwemeel, 2 dl lauwwarm water, olie en zout in een beslagkom en kneed de ingrediënten tot een deeg. Kneed kruiden en knoflook door het deeg en laat dit op een warme plaats rijzen.
Verdeel het deeg in 12 porties en vorm daar met met meel bestoven handen 12 pizzabodempjes van.
Verhit de olie en smoor de worteltjes met wat zout daarin in ca. 10 minuten beetgaar.
Beleg de pizzabodempjes met plakjes wortel en verdeel de mozzarella erover. Strooi er wat zout en peper over.
Verdeel de pizza's over twee bakplaten en bak ze plaat na plaat in het midden van de tot 180-200°C voorverwarmde oven in 25-30 minuten gaar.
Besprenkel de pizza's met maïskiemolie en bestrooi ze met basilicum.

Pizza met broccoli

(4 porties)
400 g bloem
30 g verse gist
1 theelepel suiker
1/4 l lauwwarm water
7 eetlepels olijfolie
1 ui, gepeld en kleingesneden
1 bosje lente-uitjes, gepeld en in ringen gesneden
zout en peper
2 teentjes knoflook, gepeld en uitgeperst
2 schijven verse ananas, in stukjes gesneden
1 theelepel oregano
1 theelepel basilicum
4 tomaten, ontveld en in plakjes gesneden
500 g broccoliroosjes, geblancheerd
200 g geraspte Bel Paese
50 g gorgonzola
1/2 bosje fijngehakte peterselie

Doe de bloem in een kom en maak in het midden een kuiltje. Verkruimel de gist daarin en voeg suiker en wat lauwwarm water toe. Laat het geheel afgedekt 15 minuten rusten. Voeg de rest van het water, 2 eetlepels olijfolie en een halve theelepel zout toe en kneed alles tot een mooi egaal deeg. Laat het deeg, afgedekt, nog 30 minuten rusten.

Verhit 3 eetlepels olijfolie in een pan en fruit daarin ui en lente-ui enkele minuten. Breng de uienmassa op smaak met zout, peper en knoflook. Fruit de stukjes ananas even mee. Voeg oregano en basilicum toe. Roer alles goed door elkaar en laat de massa afkoelen.

Rol het deeg uit, leg de lap op een ingevet bakblik, druk de randen iets omhoog en bestrijk het deeg met de rest van de olijfolie. Verdeel de plakjes tomaat over het deeg. Verdeel daarover het uienmengsel en de broccoliroosjes. Bestrooi het geheel met Bel Paese en gorgonzola.

Schuif de bakplaat in het midden van de tot 180°C voorverwarmde oven en bak de pizza ca. 20 minuten. Garneer het gerecht met peterselie.

Uien-kwarkpizza

(4-6 porties)

1/2 pak broodmix
40 g margarine
11/2 dl lauwwarme melk
4 uien, gepeld en in ringen gesneden
3 theelepels oregano
1 eetlepel paprikapoeder
125 g magere kwark
1/8 l crème fraîche
1 ei
50 g geraspte belegen kaas
11/2 theelepel kerriepoeder
peper uit de molen
zout
16 zwarte olijven, ontpit

Doe broodmix, 15 g margarine en melk in een beslagkom en bereid hiervan een deeg volgens de gebruiksaanwijzing op de verpakking. Laat het deeg (afgedekt) op een warme plaats ca. 15 minuten rijzen.
Bestuif het werkblad met wat bloem en rol het deeg uit tot een ronde lap van ca. 30 cm doorsnede. Bekleed een pizzavorm van ca. 26 cm doorsnede met het deeg en zet de vorm afgedekt in de koelkast.
Verhit de rest van de margarine in een koekepan en fruit hierin de uien ca. 6 minuten tot ze zacht zijn. Strooi oregano en paprikapoeder over de uien en laat de massa iets afkoelen.
Roer in een kom kwark, crème fraîche, ei, kaas en kerriepoeder goed door elkaar. Breng het mengsel op smaak met peper en zout.
Verdeel het kwarkmengsel over de deegbodem en verdeel vervolgens uien en olijven over het kwarkmengsel.
Plaats de vorm in het midden van de tot 200°C voorverwarmde oven en bak de pizza in ca. 30 minuten gaar.

Quiche met tofu

(5 porties)

150 g volkoren tarwemeel
zout
75 g zachte margarine
300 g tomaten, ontveld en in plakjes gesneden
1 bosje lente-uitjes, gepeld en in ringen gesneden
250 g tofu, in plakjes gesneden
250 g yoghurt
2 eetlepels crème fraîche
50 g geraspte emmentaler
cayennepeper
nootmuskaat
50 g knäckebrood, fijngewreven
25 g zonnebloempitten

Doe meel, wat zout, 1 eetlepel koud water en margarine in een kom en kneed van de ingrediënten een soepel deeg (zo nodig nog enkele druppels water toevoegen).
Bekleed een springvorm (26 cm doorsnede) met het deeg. Vorm een opstaand randje van ca. 4 cm. Zet de vorm even op een koele plaats.
Verdeel tomaten, lente-ui en tofu over de deegbodem.
Roer in een kom yoghurt, crème fraîche, kaas, zout, cayennepeper en nootmuskaat goed door elkaar en giet het mengsel over de quiche. Bestrooi het geheel met fijngewreven knäckebrood en zonnebloempitten.
Zet de vorm in het midden van de niet voorverwarmde oven en bak de quiche ca. 40 minuten bij een temperatuur van 200°C goudbruin en gaar.

Soufflétaartjes

(2 porties)

margarine
1 eetlepel paneermeel
4 eieren
2 eetlepels slagroom
1 teentje knoflook, gepeld en uitgeperst
1 theelepel paprikapoeder
2 eetlepels fijngeknipt bieslook
1 eetlepel fijngehakte peterselie
ca. 1/2 eetlepel tomatenpuree
cayennepeper
1 eetlepel maïzena
50 g geraspte jong belegen kaas
voor de garnering: 1 tomaat, in plakjes gesneden

Vet twee soufflévormpjes in en bestrooi ze met paneer-meel.
Klop de eieren in een kom los met slagroom, knoflook, paprikapoeder, bieslook, peterselie, tomatenpuree en een mespunt cayennepeper.
Zeef de maïzena boven het eier-kruidenmengsel en roer deze er goed door. Roer tot slot de kaas erdoor.
Verdeel het eier-kaasmengsel over de vormpjes. Zet de vormpjes in een braadslede en schenk er zoveel kokend water bij dat ze voor drie kwart onder staan.
Plaats de braadslede met de vormpjes in het midden van de tot 175°C voorverwarmde oven en bak de taartjes in ca. 30 minuten gaar.
Neem de taartjes uit de oven, laat ze iets afkoelen en stort ze dan op twee bordjes. Garneer de soufflétaartjes met plakjes tomaat.

Hartige havermouttaart

(4 porties)

6 eieren
1 theelepel suiker
1 theelepel zout
1 theelepel geraspte citroenschil
1 theelepel bakpoeder
200 g zachte havermout
100 g gemalen ongezouten pinda's
200 g zachte schapekaas
125 g room
peper uit de molen
2 bosjes radijs, schoongemaakt en heel fijn gesneden

Klop de eieren in een kom tot een schuimige massa met 6 eetlepels heet water. Voeg suiker, zout, citroenrasp en bakpoeder toe en klop alles goed door. Roer er vervolgens de havermout en de pinda's door.

Bekleed een springvorm van 24 cm doorsnede met bakpapier en giet het eier-havermoutmengsel erin.

Plaats de vorm in het midden van de tot 200°C voorverwarmde oven en bak de taart 50 minuten. Laat de taart in de vorm afkoelen. Haal de taart dan voorzichtig uit de vorm om volledig af te koelen.

Roer schapekaas, room en peper in een kom tot een romige massa. Voeg de stukjes radijs toe en meng alles goed door elkaar.

Snijd de taart overlangs doormidden. Bestrijk de onderste helft met een deel van het schapekaasmengsel en zet dan het andere taartdeel erop. Verdeel de rest van de crème over de taart.

Maïstaart

(2 porties)

100 g suikermaïs
2 eetlepels yoghurt
100 g vers volkorenbroodkruim
4 eieren, losgeklopt
1/2 rode paprika, schoongemaakt en kleingesneden
ca. 1 eetlepel fijngehakte groene tuinkruiden
peper uit de molen
zout

Doe alle ingrediënten in een kom en vermeng ze goed met elkaar.
Verwarm intussen de ovengrill voor.
Doe het mengsel over in een koekepan met anti-aanbaklaag en bak het ca. 6 minuten. Maak af en toe de kanten van het baksel los, zodat het ei goed kan stollen. Neem de pan van het vuur als de onderkant van het baksel goudbruin is.
Zet de pan even onder de hete grill om ook de bovenkant goudbruin te laten kleuren.
Serveer de maïstaart in punten.

NAGERECHTEN

Basisrecept pannekoeken

(20 kleine of 12 grote pannekoeken)

7 dl melk
1 pak pannekoekmeel
1 ei
zout
100 g margarine

Schenk de melk in een kom. Voeg de inhoud van het pak pannekoekmeel in één keer toe. Roer alles goed door elkaar. Voeg het ei en wat zout toe en klop tot een dik beslag ontstaat. Smelt de boter en roer deze door het beslag.
Verhit een koekepan. Schenk er ca. 2 eetlepels beslag in, laat dat goed over de bodem uitvloeien en bak de pannekoek aan de onderkant goudbruin.
Laat de pannekoek op een bord glijden, keer het bord om boven de pan en bak ook de andere kant goudbruin.
Houd de pannekoeken warm.

Griekse pannekoek

(4 porties)

1/3 basisrecept pannekoeken
6 eetlepels honing
50 g fijngehakte hazelnoten
200 g witte druiven, ontdaan van pitjes en gehalveerd

Bak 4 pannekoeken volgens de aanwijzingen in het basis-recept.
Smelt de honing met 6 eetlepels water in een pannetje.
Voeg hazelnoten en druiven toe en verwarm deze ca. 2 minuten mee.
Bestrijk de pannekoeken met het honing-druivenmengsel.
Vouw de vier zijden van elke pannekoek naar binnen zo-dat een envelop ontstaat.
Serveer direct.

Joegoslavische pannekoek

(4 porties)

50 g rozijnen
1/2 borrelglas rum
2 eieren
250 g kwark
1 bekertje zure room
3 eetlepels suiker
mespunt geraspte citroenschil
1/3 basisrecept pannekoeken
poedersuiker

Week de rozijnen in rum. Splits de eieren. Meng de eierdooiers met kwark, zure room, suiker, citroenrasp en rozijnen.
Bak 4 pannekoeken volgens de aanwijzingen in het basisrecept.
Bestrijk de pannekoeken met het kwarkmengsel, rol ze op en leg ze in een ingevette ovenschaal.
Bak de pannekoeken ca. 20 minuten in de tot 200°C voorverwarmde oven. Bestrooi de pannekoeken met poedersuiker en serveer ze direct.

Volkoren pannekoekjes met anijs

(4 porties)

250 g volkorenmeel
50 g suiker
ca. 11/2 dl melk
1 theelepel gemalen anijs
margarine

Doe het meel en de suiker in een kom en voeg al roerend scheutje voor scheutje melk toe tot er een glad en niet al te dun beslag ontstaat.
Roer de anijs door het beslag en laat het afgedekt ca. 1 uur op een vrij warme plaats rusten.
Roer het beslag goed door (indien het te dik is nog wat melk toevoegen).
Verhit in een kleine koekepan steeds een klontje margarine en bak hierin kleine pannekoekjes. Houd de pannekoekjes warm.

Flensjes met appel-notenvulling

(ca. 10 stuks)

3 dl melk
2 eieren
150 g bloem
zout
margarine

voor de vulling:
4 grote goudrenetten, geschild en ontdaan van klokhuis
ca. 3 eetlepels fijngehakte walnoten
ca. 4 eetlepels rozijnen, geweld in lauw water
suiker
kaneel
ca. 1 eetlepel citroenrasp

Roer in een beslagkom een luchtig beslag van melk, eieren, gezeefd bloem en zout.
Kook van de goudrenetten met weinig water een dikke appelmoes en laat deze afkoelen. Meng walnoten, rozijnen, suiker, kaneel en citroenrasp (naar smaak) door de appelmoes.
Bak in een koekepan in wat margarine dunne flensjes van het beslag. Verdeel de appelmoes over de flensjes en rol ze op. (De flensjes kunnen zowel warm als koud worden gegeten.)

Rijstpannekoekjes

(4 porties)

5 eetlepels gare rijst
1 ei
1 eetlepel honing
8 eetlepels boekweitemeel
zout
ca. 1 dl melk
margarine
suiker
kaneel

Druk met een vork of houten lepel de rijstkorrels fijn. Meng het ei, de honing, het boekweitemeel, wat zout en zoveel melk door de rijst tot een dik beslag ontstaat.
Bak er in een koekepan, met weinig margarine, kleine dikke pannekoekjes van.
Bestrijk de pannekoekjes met wat margarine. Vermeng suiker en kaneel in een kommetje en strooi dit mengsel over de rijstpannekoekjes.

Drie-in-de-pan met sinaasappelsaus

(4 porties)

175 g zelfrijzend bakmeel
1 ei
ca. 1 dl melk
150 g kwark
1 zakje vanillesuiker
1 appel, geschild, ontdaan van klokhuis en geraspt (direct daarna besprenkeld met citroensap)
ca. 40 g margarine
1 dl (vers) sinaasappelsap
4 eetlepels sinaasappelmarmelade

Zeef het meel boven een beslagkom en maak een kuiltje in het midden. Breek het ei erin en voeg wat melk toe. Roer het beslag goed door en voeg al roerend scheutje voor scheutje de rest van de melk en vervolgens de kwark toe. Voeg de vanillesuiker toe en blijf roeren tot een glad beslag is verkregen. Roer tot slot de geraspte appel door het beslag.
Verhit ca. 10 g margarine in een koekepan. Schep los van elkaar 3 volle eetlepels beslag in de pan. Bak de drie-in-de-pan aan beide kanten goudbruin en gaar. Herhaal deze procedure tot het beslag op is. Houd de pannekoekjes warm.
Verwarm sinaasappelsap en marmelade in een steelpan al roerend tot er een licht gebonden saus ontstaat.
Verdeel de drie-in-de-pan over vier borden en schenk de saus erover.

Poffertjes met rozijnen

(ca. 50 stuks)

1/4 l half water/half melk
10 g zout
150 g boekweitemeel
50 g patentbloem
30 g rijstebloem
10 g gist, aangelengd met wat water
75 g grote rozijnen, gewassen en drooggedept
2 theelepels stroop
olie
poedersuiker
rum

Doe water en melk in een kom en voeg zout toe. Zeef boekweitemeel, patentbloem en rijstebloem boven de kom en klop het geheel tot een glad beslag.
Roer de gist door het beslag, dek de kom af en laat het beslag ca. 30 minuten rijzen op een vrij warme plaats.
Verdun het mengsel voor gebruik zo nodig met wat water tot het goed van een lepel vloeit. Roer rozijnen en stroop erdoor.
Vet een poffertjespan licht in en bak de poffertjes aan beide zijden lichtbruin. Bestrooi de poffertjes met poedersuiker en besprenkel ze naar smaak met rum.

Kaki's met roomkaascrème

(4 porties)

300 g verse roomkaas
1 dl sinaasappelsap
3-4 eetlepels citroensap
kirsch
1/8 l slagroom
3 kaki's, schoongemaakt en zo nodig geschild
20 g pistachenootjes

Roer de roomkaas glad met 4 eetlepels sinaasappelsap, 2 eetlepels citroensap en een scheutje kirsch. Klop de slagroom stijf en spatel deze door het roomkaasmengsel.
Pureer 1 rijpe kaki met de rest van het sinaasappelsap. Breng de puree op smaak met citroensap en een scheutje kirsch.
Halveer de 2 resterende kaki's en snijd de helften in partjes. Vul vier schaaltjes voor drie kwart met kaascrème. Schik de kakipartjes er in een krans op en garneer de bovenkant met de rest van de kaascrème.
Schep wat van de vruchtenpuree aan de rand en bestrooi het geheel met pistachenootjes.

Citruscompote

(2-3 porties)

100 g suikerklontjes
3 sinaasappels zonder pit
2 grapefruits

Boen de sinaasappels goed schoon. Schuur met de suikerklontjes over de sinaasappelschil zodat ze een beetje oranje
worden. Schil de sinaasappels en de grapefruits met een
mes zo dik dat ook het witte velletje wordt verwijderd.
Snijd de vruchten in plakken.
Laat de suikerklontjes in een pannetje met een kwart dl
water smelten en kook het mengsel tot het lichtbruin ge-
kleurd is. Voeg een kwart dl water toe en roer dit er goed
door. Leg het fruit in de warme siroop en laat het geheel
afkoelen.
Verdeel de compote over 2-3 schaaltjes.

Appel-grapefruitgelei

(4 porties)

10 velletjes witte gelatine
5 grapefruits met roze vruchtvlees
1/4 l appelsap
2 eetlepels suiker
evt. enkele blaadjes citroenmelisse

Laat de blaadjes gelatine in water weken. Schil 1 grapefruit
en verwijder het witte velletje. Snijd 4 dikke plakken af en
verdeel de rest in kleine stukjes.
Pers de overige grapefruits uit. Meet ca. een halve liter
vruchtesap af. Voeg het appelsap toe en roer de suiker erdoor. Verwarm het vocht. Knijp de gelatine goed uit en los
deze op in het warme vocht.
Steek steeds een schijf grapefruit aan vier lange cocktail-
prikkers. Vul vier glazen met de appel-grapefruitgelei en
leg de prikkers op de glazen. Zet de glazen ca. 1 uur in de
koelkast. Haal voor het serveren de schijfjes grapefruit van
de prikkers. Garneer de gelei met de schijfjes en de stukjes
grapefruit en eventueel met enkele blaadjes citroenmelisse.

Appels met müsli-kaneelvulling

(4 porties)

4 kleine zachtzure appels, ongeschild en doorboord tot bijna on-
deraan
11/2 eetlepel citroensap
4 eetlepels geroosterde müsli
1 eetlepel kaneel
1 eetlepel cognac

Besprenkel de holte van de appels met citroensap.
Roer in een kommetje müsli, kaneel en cognac goed door
elkaar. Vul de appels met het müsli-kaneelmengsel.
Zet de appels op vier vellen aluminiumfolie van 20 x 20
cm. Vouw het folie om de appels. Zet de appels op een
rooster in het midden van de tot 200°C voorverwarmde
oven en bak ze ca. 20 minuten.

Mangosouffleetjes

(4 porties)

3 rijpe mango's, geschild, ontpit en gepureerd
2 dl slagroom
5 blaadjes gelatine
2 eiwitten
50 g suiker

Schep de stijfgeslagen slagroom voorzichtig door de mangopuree.
Week de blaadjes gelatine in koud water en knijp ze vervolgens goed uit. Breng een halve dl water aan de kook en los hierin de gelatine op. Roer de gelatine door het mango-slagroommengsel.
Sla de eiwitten stijf met suiker en schep ze door het mangomengsel. Verdeel het mengsel over vier schaaltjes en laat de souffleetjes in de koelkast opstijven en koud worden.

Grapefruit met yoghurt

(4 porties)

2 grapefruits met roze vruchtvlees, gehalveerd
1 eetlepel vloeibare honing
21/2 dl vanille-yoghurt

Snijd het vruchtvlees van de grapefruits tussen de vliesjes los. Vang het sap op. Doe vruchtvlees, sap en honing in een kom en roer alles goed door elkaar. Dek de kom af en laat de honing ca. 30 minuten intrekken.
Maak de lege grapefruithelften schoon door er met een lepel alle velletjes uit te schrappen.
Verdeel de yoghurt over de grapefruithelften, garneer ze met vruchtvlees en schenk het honingsap erover.

Gevulde perziken met kaas en noten

(4 porties)

1 potje Hüttenkäse
100 g fijngehakte pecannoten
2 eetlepels citroensap
peper uit de molen
1 literblik halve perziken, uitgelekt en drooggedept met keuken-
papier
1 theelepel fijngehakte peterselie
8 mooie slablaadjes

Vermeng in een kom kaas, noten, citroensap en peper met elkaar.
Vul met het kaasmengsel de perziken en garneer ze met peterselie. Leg de perziken afzonderlijk op een slablaadje en verdeel ze over vier bordjes.

Warme trifle

(4 porties)

2 eetlepels custardpoeder
75 g suiker
1/4 l slagroom
50 g margarine
1 ei
50 g zelfrijzend bakmeel
1 blik (ca. 400 g) fruitcocktail, uitgelekt
4 eetlepels aardbeienjam

Roer in een kommetje custardpoeder, 25 g suiker en 4 eet-lepels slagroom tot een glad mengsel.
Breng in een steelpan de rest van de slagroom aan de kook.
Voeg al roerend het custardpapje toe en laat alles ca. 3 mi-nuten zachtjes koken.
Doe het custardmengsel over in een kom en dek deze af met huishoudfolie.
Klop de margarine met de rest van de suiker met een mixer romig en klop dan het ei erdoor. Zeef het bakmeel boven de kom en spatel alles goed door elkaar tot een glad beslag ontstaat.
Schep de jam in een hoge ovenschaal, schep hierop het be-slag en verdeel daarover de fruitcocktail. Dek het geheel af met het custardmengsel.
Plaats de trifle in het midden van de tot 175°C voor-verwarmde oven en bak het gerecht ca. 40 minuten. Ser-veer de trifle direct.

Broodschoteltje met amandelen

(4 porties)

41/2 dl melk
12 sneetjes oud witbrood, ontkorst
2 eieren
100 g geschaafde amandelen
75 g suiker
kaneel

Breng de melk in een pan aan de kook. Neem de pan van het vuur en week het brood in de melk. Wrijf het vervolgens fijn.

Splits de eieren. Voeg de eierdooiers en 60 g suiker toe aan het broodmengsel en roer alles goed door elkaar.

Klop de eiwitten stijf en spatel ze luchtig door het brood-eiermengsel.

Doe de massa over in een ovenschaal en strijk de bovenkant glad. Strooi er kaneel en de rest van de suiker over.

Plaats de schaal in de tot 175°C voorverwarmde oven en laat het gerecht in ca. 20 minuten rijzen en goudbruin worden.

Rijstomelet

(ca. 3 porties)

2 eieren
80 g suiker
80 g bloem
400 g gare rijst
1 zakje vanillesuiker
1 eetlepel citroenrasp
kaneel
zout
melk
ca. 80 g margarine of olie

Splits de eieren. Roer de eierdooiers en de suiker in een kom tot een glad mengsel. Voeg bloem, rijst, vanillesuiker, citroenrasp, kaneel en zout naar smaak toe.
Klop de eiwitten stijf in een kommetje en schep ze luchtig door het beslag. (Indien het beslag te dik is, roer er dan voorzichtig wat melk door.)
Bak van het beslag in een koekepan met wat margarine of olie ca. 3 rijstomeletten.

Rijstschotel met pruimen

(4 porties)

200 g zilvervliesrijst
1/2 l melk
geraspte schil van   citroen
zout
50 g margarine
50 g rietsuiker
4 eieren
750 g pruimen, gewassen, ontpit en in stukjes gesneden
margarine
paneermeel

Breng de rijst met de melk, de citroenrasp en wat zout aan de kook. Doe het deksel op de pan en laat de rijst in ca. 45 minuten gaar worden. Laat de rijst vervolgens iets afkoelen.
Roer margarine en suiker tot een schuimige massa. Splits de eieren. Roer de dooiers door het boter-suikermengsel. Roer er vervolgens lepel voor lepel de rijst door. Schep de pruimen erdoor. Sla de eiwitten stijf en spatel ze door de massa.
Beboter een soufflévorm en bestrooi deze met paneermeel. Doe de rijstmassa over in de vorm.
Zet de vorm in het midden van de niet voorverwarmde oven en laat het gerecht op 180°C ca. 45 minuten bakken.

Mousse van belegen kaas

(4-6 porties)

11/2 blaadje gelatine
2 dl slagroom
150 g geraspte belegen kaas
1 eetlepel fijngeknipt bieslook
1 eetlepel fijngehakte peterselie
zout en peper
4 sneetjes roggebrood
4 walnoten

Week de gelatine 10 minuten in ruim koud water.
Klop 11/2 dl slagroom half stijf. Breng de resterende slagroom aan de kook. Voeg op een laag vuur al roerend de kaas toe. Blijf roeren tot de kaas gesmolten is.
Voeg van het vuur af de uitgeknepen gelatine toe. Laat het kaasmengsel afkoelen. Roer af en toe door.
Spatel de slagroom en de kruiden door het afgekoelde kaasmengsel. Breng het geheel op smaak met zout en peper.
Schep de kaasmousse in vier kleine ingevette soufflé-vormpjes en zet deze ca. 3 uur in de koelkast.
Snijd sterretjes uit de sneetjes roggebrood.
Stort de mousse op vier bordjes. Garneer met roggebrood-sterretjes en een walnoot.

ZOETE BAKSELS

Kruisbessenkoek met havervlokken

voor het deeg:
1/4 l melk
50 g margarine
50 g suiker
zout
400 g bloem
1 eetlepel geraspte citroenschil
20 g gist
1 ei (op kamertemperatuur)

voor de vulling:
100 g suiker
30 g margarine
200 g volkoren havervlokken
margarine
1 kg kruisbessen, gewassen en drooggedept
1-2 eetlepels greinsuiker

Doe de lauwwarme melk, de gesmolten margarine, de suiker, wat zout, de bloem, de geraspte citroenschil, de verkruimelde gist en het ei in een mengkom en kneed de ingrediënten met de deeghaak van de mixer tot een soepel deeg. Dek de kom af en laat het deeg ca. 1 uur rusten.
Laat de suiker en de margarine in een pan smelten. Voeg de havervlokken toe en laat ze al roerend karameliseren tot ze knapperig bruin zijn. Spreid ze uit op een platte schaal en laat ze afkoelen.
Beboter een bakblik. Rol het deeg daarop uit, druk de randen iets omhoog. Dek het deeg af en laat het nog eens 15 minuten rusten.
Verdeel de kruisbessen over het deeg. Verkruimel de havervlokken erover. Schuif het bakblik in het midden van de tot 200°C voorverwarmde oven en bak de koek ca. 30 minuten. Neem de koek uit de oven, laat hem iets afkoelen en strooi er greinsuiker over.

Druiventaart met walnoten

1 ei
200 g bloem
1/2 theelepel zout
125 g witte basterdsuiker
150 g koude margarine
150 g fijngehakte walnoten
1/8 l crème fraîche
750 g witte druiven, gewassen en drooggedept

Splits het ei. Zeef boven een kom de bloem, het zout en 1 eetlepel basterdsuiker. Voeg de margarine toe en snijd deze met twee messen fijn door de bloem. Roer de eierdooier en ca. 2 eetlepels koud water door het mengsel. Kneed de ingrediënten met een koele hand snel tot een soepel deeg. Laat het deeg ca. 30 minuten in de koelkast rusten. Verwarm de oven voor tot 200°C. Vet een lage taartvorm (26 cm doorsnede) in.
Rol het deeg op een met bloem bestoven werkblad uit tot een dunne ronde lap van ca. 30 cm. Bekleed hiermee de taartvorm.
Bak het deeg in het midden van de oven in ca. 20 minuten goudbruin.
Roer in een kom de rest van de basterdsuiker, de walnoten en de crème fraîche goed door elkaar.
Verwarm de oven weer voor tot 200°C. Klop in een kommetje het eiwit stijf en schep dit luchtig door het walnotenmengsel.
Schep de druiven op de taartbodem en strijk het walnotenmengsel er gelijkmatig over. Bak de taart in het midden van de oven in ca. 20 minuten goudbruin.

Pruimenpie

voor het deeg:
250 g volkoren tarwemeel
zout
200 g zachte margarine

voor de vulling:
1 kg pruimen, gewassen, drooggedept, gehalveerd en ontpit
200 g marsepein (met honing)
1 eiwit

1 eetlepel paneermeel
1 eierdooier
1-2 eetlepels melk
2 eetlepels rietsuiker

Doe de ingrediënten voor het deeg in een beslagkom en kneed ze met de kneedhaak van de mixer, eerst op de laagste en vervolgens op de hoogste stand. Kneed het deeg dan verder met de hand op een werkblad. (Als het deeg te plakkerig is, moet het even afkoelen.)
Roer de marsepein door het eiwit en vermeng het geheel met de pruimen.
Rol de helft van het deeg uit en beleg een pievorm (28 cm doorsnede) ermee. Bestrooi de bodem met paneermeel en verdeel het pruimenmengsel erover.
Klop de eierdooier los met de melk en bestrijk de deegranden ermee.
Rol de rest van het deeg uit tot een lap die groter is dan de pievorm en leg deze op de pruimen. Vouw de naden goed dicht en snijd het overtollige deeg weg. Bestrijk de pie met eigeel en prik er met een vork wat gaatjes in. Bestrooi de pie met suiker.
Zet de vorm in het midden van de tot 200-225°C voorverwarmde oven en bak de pie 45 minuten.

Gierst-perentulband

250 g zachte margarine
250 g vloeibare honing
4 eieren
zeezout
200 g fijngemalen gierst
100 g grof gemalen tarwe
1 zakje bakpoeder
50 g cacao
6 dl melk
150 g gemalen hazelnoten
500 g peren, geschild, ontdaan van klokhuis en in kleine stukjes
gesneden
paneermeel

Roer de margarine met de roerhaak van de mixer op de hoogste stand in ca. een halve minuut zacht. Roer er beetje voor beetje de honing door en blijf roeren tot een egale massa is verkregen. Roer er één voor één de eieren door (elk ei ca. een halve minuut) en voeg wat zout toe.
Voeg lepel voor lepel gierst en tarwe toe en roer deze ingrediënten er met de mixer op de middelste stand door.
Vermeng bakpoeder met cacao. Zeef het mengsel boven de kom en roer het er met de mixer door. Roer de melk en de hazelnoten erdoor. Schep de stukjes peer door het deeg.
Vet een tulbandvorm (ca. 24 cm doorsnede) in en bestrooi hem met paneermeel. Schep het deeg in de vorm.
Zet de vorm in de tot 175-200°C voorverwarmde oven en bak de tulband in 55-70 minuten gaar.

Broodjes van kruimeldeeg met abrikozencrème

(12 stuks)
500 g bloem
stukje gist
80 g suiker
ca. 1/5 l melk
80 g margarine
zout
1 ei
1 eiwit
voor het kruimeldeeg:
200 g bloem
100 g suiker
100 g margarine
voor de vulling:
1 bakje abrikozen, gewassen en kleingesneden
2 zakjes vanillesuiker
1 bekertje garderoom
poedersuiker

Zeef de bloem boven een kom. Vorm een kuiltje in het midden en doe daarin de verbrokkelde gist, 1 theelepel suiker en 4 eetlepels warme melk. Meng dit met een beetje bloem en laat het geheel, afgedekt, ca. 15 minuten staan.
Verwarm de rest van de suiker, de margarine en wat zout in de melk. Roer het ei erdoor. Voeg dit mengsel toe aan het beslag en kneed alles tot een samenhangend deeg. Laat het deeg 20-30 minuten rusten.
Verdeel het deeg in 12 stukken. Vorm er ovale lapjes van. Bestrijk de lapjes met losgeklopt eiwit.
Bereid van bloem, suiker en margarine een kruimeldeeg.
Bestrooi de lapjes deeg met kruimeldeeg. Laat ze 10 minuten rusten. Bak de broodjes 35 minuten in de tot ca. 200°C voorverwarmde oven. Snijd de broodjes overlangs open.
Bestrooi de abrikozen met vanillesuiker. Laat deze 15 minuten intrekken. Klop de garderoom stijf. Schep de room door de abrikozen. Besmeer de onderste helft van de broodjes met dit mengsel. Leg de kapjes erop en bestrooi het geheel met poedersuiker.

Hazelnootkoek

250 g hazelnoten
5 eiwitten
zout
5 eierdooiers
125 g vloeibare honing
1 eetlepel aardappelmeel
2 eetlepels notenlikeur
margarine

Spreid de hazelnoten uit op een bakblik en rooster ze in de tot 200°C voorverwarmde oven tot de velletjes open springen. Wikkel de noten in een theedoek en wrijf de velletjes eraf. Laat de noten afkoelen en hak ze vervolgens fijn.
Klop de eiwitten stijf met een mespunt zout. Klop de eierdooiers los met honing en aardappelmeel en breng het mengsel op smaak met notenlikeur.
Spatel de eiwitten door het ei-honingmengsel en roer ook de hazelnoten erdoor.
Beboter een cakevorm (30 cm) en bekleed deze met vetvrij papier (beboter ook het papier). Schep het beslag in de vorm.
Bak de koek onder in de tot 180°C voorverwarmde oven in ca. 60 minuten goudbruin en gaar.
Laat de koek in de vorm iets afkoelen en laat hem op een taartrooster verder afkoelen.

Vijgen-notenrol

voor het deeg:
500 g volkoren tarwemeel
1 zakje gist
50 g vloeibare honing
2 dl warme melk
50 g gesmolten margarine
1 ei
1 eierdooier

voor de vulling:
250 g gedroogde vijgen, in kleine dobbelsteentjes gesneden
125 g grof gehakte hazelnoten
4 eetlepels vloeibare honing
sap van 1/2 citroen
1 theelepel peperkoekkruiden

Vermeng tarwemeel en gist in een beslagkom. Voeg honing, melk, margarine en losgeklopt ei toe en kneed alle ingrediënten met de kneedhaak van de mixer, eerst op de laagste en vervolgens op de hoogste stand. Laat het deeg op een warme plaats rusten tot het zichtbaar in volume is toegenomen.

Roer vijgen, hazelnoten, honing, citroensap en koekkruiden goed door elkaar.

Kneed het deeg opnieuw met de mixer op de hoogste stand. Rol het deeg uit tot een rechthoekige lap. Houd wat deeg apart. Strijk de vulling gelijkmatig uit over de deeglap (houd daarbij 2 cm aan de randen vrij). Vouw de randen aan de korte kanten om en rol het deeg vanaf de lange kant op. Leg de rol op een ingevet bakblik en laat het deeg opnieuw enigszins rijzen.

Klop de eierdooier los met 1 eetlepel water en bestrijk de rol daarmee.

Vorm van het achtergehouden deeg 3 rolletjes en maak daar een vlecht van. Druk de vlecht op de rol.

Zet het bakblik in de tot ca. 175°C voorverwarmde oven en bak het gerecht ca. 40 minuten.

Kastanjetaart

2 eieren
4 eetlepels vloeibare honing
50 g zachte margarine
200 g kastanjepuree (uit blik)
mespunt vanillemerg
2 eetlepels rum
100 g volkoren tarwemeel
1 theelepel bakpoeder
voor de garnering: met honing stijfgeslagen slagroom

Roer de eieren en de honing schuimig met de roerhaak van de mixer op de hoogste stand. Voeg de margarine toe en roer deze er goed door.
Vermeng de kastanjepuree met vanillemerg en rum. Vermeng het tarwemeel met het bakpoeder. Zeef het meelmengsel boven de kastanjepuree, voeg de eier-honingmassa toe en roer alles tot een egale massa.
Bekleed een springvorm (26 cm doorsnede) met vetvrij papier. Schep het deeg in de vorm.
Zet de vorm in de tot 175°C voorverwarmde oven en bak de kastanjetaart in ca. 30 minuten gaar.
Garneer de taart met toefjes slagroom.

Karnemelk-citroenkoek

250 g zelfrijzend bakmeel
zout
250 g basterdsuiker
1 theelepel citroenrasp
1/2 dl citroensap
2 dl karnemelk
50 g krenten
75 g rozijnen
ca. 10 g margarine
11/2 eetlepel sesamzaad

Zeef het meel boven een kom. Voeg een mespunt zout en de basterdsuiker toe. Roer citroenrasp en citroensap erdoor. Voeg scheutje voor scheutje de karnemelk toe en roer alles tot een glad beslag.
Roer de krenten en rozijnen door het beslag.
Beboter een cakevorm (ca. 22 cm) en bestrooi deze met sesamzaad. Schep het beslag in de vorm en bak de koek in het midden van de tot 175°C voorverwarmde oven in ca. 75 minuten goudbruin en gaar.
Laat de koek in de vorm iets afkoelen, verwijder de vorm en laat de koek op een rooster verder afkoelen.

Volkorenkruidkoek

200 g rozijnen
300 g volkorenmeel
1 zakje bakpoeder
250 g bruine basterdsuiker
1 eetlepel koekkruiden
1 theelepel nootmuskaat
1 theelepel kaneel
zout
1 sinaasappel
1 ei
1 eetlepel schenkstroop
2 dl melk
1/2 eetlepel bloem

Verwarm de oven voor tot 175°C. Laat de rozijnen in een kom met heet water ca. 10 minuten wellen.
Doe in een andere kom volkorenmeel, bakpoeder, bruine basterdsuiker, koekkruiden, nootmuskaat, kaneel en een snufje zout. Rasp de schil van de goed afgeboende sinaasappel erboven. Breek het ei boven de kom. Voeg de schenkstroop toe en al roerend scheutje voor scheutje de melk. Roer alles tot een glad beslag.
Laat de rozijnen in een zeef uitlekken. Dep ze droog met keukenpapier. Roer een halve eetlepel bloem door de rozijnen en roer ze vervolgens door het beslag.
Beboter een cakevorm (ca. 2 l) en doe het beslag daarin over. Zet de vorm iets onder het midden in de oven en bak de cake in 1-11/2 uur gaar. Laat de cake 10 minuten afkoelen, neem hem dan uit de vorm en laat hem op een taartrooster verder afkoelen.

Honing-maïsbrood

3/4 kop maïsmeel
1/4 kop zemelen
1 kop volkorenmeel
1/2 theelepel zout
1 theelepel bakpoeder
1 theelepel zuiveringszout
1/4 dl vloeibare honing
1 ei
ca. 1 dl karnemelk
1 theelepel margarine
2 kopjes maïskorrels

Vermeng de droge ingrediënten met elkaar. Roer het vocht erdoor en tot slot de maïskorrels. Klop niet te veel, want het deeg voor maïsbrood moet wat klonterig zijn.
Beboter royaal een bakvorm en breng het deeg daarin over. Plaats de vorm in het midden van de tot 200°C voorverwarmde oven en bak het brood ca. 1 uur tot het gaar is (prik er met een breinaald in; deze dient er schoon uit te komen als het brood gaar is).
Laat het brood in de vorm iets afkoelen en stort het daarna op een broodschaal of plank en snijd er plakken van.

Rijstevlaai

voor de vulling:
100 g paprijst
1/2 l melk
1 zakje vanillesuiker
zout
2 eetlepels suiker
2 eieren

voor het deeg:
1/2 pak witbroodmix
1/8 l lauwwarme melk
20 g gesmolten margarine
1 eetlepel suiker
1 ei

Kook de rijst in de melk met vanillesuiker en een mespunt zout in ca. 30 minuten tot rijstebrij. Neem de pan van het vuur en roer de suiker door de rijst. Splits de eieren, klop de dooiers los en roer er ca. 3 eetlepels van de rijstebrij door. Roer dit mengsel vervolgens door de rijstebrij en laat deze afkoelen.

Maak van broodmix, melk, gesmolten margarine, suiker en de helft van het losgeklopte ei een brooddeeg volgens de gebruiksaanwijzing op de verpakking.

Kneed het deeg tot het soepel en elastisch is en laat het, afgedekt, ca. 15 minuten rijzen op een warme plaats.

Rol het deeg uit tot een ronde lap van ca. 30 cm en bekleed hiermee een beboterde vlaaivorm (ca. 28 cm). Prik met een vork enkele gaatjes in de bodem. Bestrijk de rand van het deeg met de rest van het ei.

Verdeel de rijstebrij over de deegbodem. Bak de vlaai in het midden van de tot 200°C voorverwarmde oven in ca. 25 minuten goudbruin en gaar.

Kokoscake met rumrozijnen

100 g rozijnen
1 dl rum
125 g geraspte kokos
150 g margarine
150 g witte basterdsuiker
3 eieren
100 g zelfrijzend bakmeel

Breng in een pannetje de rozijnen met de rum aan de kook en laat het geheel van het vuur af ca. 10 minuten staan.
Vet een cakevorm (ca. 28 cm) in en bestrooi deze met 25 g kokos. Verwarm de oven voor tot 175°C.
Klop de margarine en de basterdsuiker met de mixer tot een romige massa. Klop er één voor één de eieren door. Zeef het bakmeel boven de kom en schep het door het margarinemengsel. Schep ook de resterende kokos en de rumrozijnen door het beslag.
Doe het beslag over in de cakevorm en strijk de bovenkant glad.
Bak de cake in het midden van de oven in ca. 75 minuten goudbruin en gaar. Laat de cake in de vorm ca. 10 minuten afkoelen. Neem de cake dan uit de vorm en laat hem verder afkoelen op een taartrooster.

Julianekoek

250 g zachte margarine
250 g vloeibare honing
4 eieren
geraspte schil van 1 citroen
300 g volkoren tarwemeel
11/2 theelepel bakpoeder

Roer de margarine met de roerhaak van de mixer op de hoogste stand zacht. Voeg de honing toe en blijf roeren tot een egale massa is ontstaan. Roer dan één voor één de eieren erdoor (elk ei ca. een halve minuut).
Voeg de geraspte citroenschil toe. Vermeng het tarwemeel met het bakpoeder en voeg dit mengsel al roerend lepel voor lepel toe. Roer de ingrediënten met de mixer op de middelste stand door het boter-honingmengsel.
Bekleed een cakevorm met vetvrij papier. Schep het beslag in de vorm. Zet de vorm in het midden van de tot ca. 175°C voorverwarmde oven en bak de koek in 50-60 minuten gaar.

Koffietulband met amandelen

200 g zachte margarine
200 g fijne tafelsuiker
4 eieren
100 g zelfrijzend bakmeel
100 g bloem
zout
2 eetlepels suiker
4 eetlepels koffielikeur
11/2 dl sterke warme koffie
50 g geschaafde amandelen
1/4 l slagroom

Verwarm de oven voor tot 175°C. Beboter een tulbandvorm (ca. 11/2 l) en bestuif hem met bloem.
Klop de margarine in een kom romig. Voeg de suiker toe
en klop alles goed door elkaar. Roer de eieren één voor één
door het mengsel. Zeef het bakmeel en de bloem boven de
kom en voeg een snufje zout toe. Klop alles tot een egaal
beslag. Schep het beslag in de tulbandvorm en verdeel het
gelijkmatig.
Zet de vorm in het midden van de oven en bak de cake in
ca. 45 minuten gaar. Stort de cake op een taartrooster en
prik er met een satéstokje gaatjes in.
Roer de helft van de suiker en de likeur door de koffie en
schenk het mengsel over de cake. Rooster de amandelen in
een droge koekepan goudbruin.
Klop de slagroom stijf met de rest van de suiker. Bedek de
afgekoelde cake geheel met slagroom en bestrooi hem met
amandelen.

VRUCHTENSALADES

Warme bloedsinaasappelsalade

(4 porties)

75 g margarine
2 zakjes vanillesuiker
4 eetlepels suiker
sap van 1 bloedsinaasappel
sap van 1 citroen
2-3 bloedsinaasappels, geschild en in partjes verdeeld
2 appels (Golden Delicious), geschild, ontdaan van klokhuis en
in partjes verdeeld
1 kopje verse frambozen
1-2 glaasjes frambozenbrandewijn
amandelen (in margarine geroosterd)

Laat de margarine smelten en licht kleuren in een koperen pan op een aangestoken réchaud. Voeg de met vanillesuiker vermengde suiker toe en laat deze al roerend langzaam karameliseren.
Voeg sinaasappel- en citroensap toe. Doe de partjes sinaasappel en appel in de pan en laat ze al roerend warm worden. Voeg dan de frambozen toe en warm deze even mee. Sprenkel de brandewijn erover en bestrooi het geheel met geroosterde amandelen.

Aardbeien-avocadosalade

(2 porties)

1 rijpe avocado, geschild, het vruchtvlees in plakjes gesneden
175 g aardbeien, gewassen, ontdaan van kroontjes en in plakjes gesneden
1 eetlepel vruchtenazijn
1 eetlepel olijfolie
zwarte peper uit de molen

Schep de aardbeien in een bergje op een platte schaal. Schik de plakjes avocado eromheen.
Vermeng de vruchtenazijn met de olie en giet het mengsel over de aardbeien. Maal er flink wat peper over.

Kleurige vruchtensalade

(6-8 porties)

1 kleine meloen
1 rijpe mango, geschild
2 sinaasappels, dik geschild
sap van 1/2 citroen
2 eetlepels poedersuiker
6 lychees (uit blik), ontpit
1 kiwi, geschild en in plakjes gesneden
2 bananen

Snijd de meloen doormidden en verwijder de pitten. Steek met een aardappelboor het vruchtvlees uit en doe dat in een kom. Snijd boven de kom de mango in schijfjes van de pit. Snijd eveneens boven de kom de sinaasappelschijfjes tussen de vliezen uit. Voeg citroensap, poedersuiker en lychees toe. Schep de salade voorzichtig om, dek de kom af en zet deze even in de koelkast.
Pel de bananen, snijd ze in plakjes en schep deze samen met de plakjes kiwi door de vruchtensalade. Serveer direct.

Kruidige vruchtensalade

(4 porties)

2 *sinaasappels, geschild, ontdaan van vliesjes en pitten en in*
partjes verdeeld
2 *bananen, gepeld en in plakjes gesneden*
2 *peren, geschild, ontdaan van klokhuis en in blokjes gesneden*
1 *appel, geschild, ontdaan van klokhuis en in blokjes gesneden*
3 *eetlepels citroensap*
1 *theelepel kerriepoeder*
1 *theelepel gemberpoeder*
1 *theelepel chilipoeder*
peper uit de molen

Doe alle vruchten en het citroensap in een schaal en schep
alles goed om.
Vermeng in een kommetje kerrie-, gember- en chilipoeder
en breng het mengsel op smaak met peper.
Strooi het kerriemengsel over de vruchtensalade en schep
alles goed door elkaar. Dek de schaal af en laat de salade
ca. 2 uur voor gebruik op een koele plaats rusten.

Papajasalade

(4 porties)

2 rijpe papaja's
1 kleine ogenmeloen
2 bananen, gepeld en in plakjes gesneden
1 kopje verse frambozen

voor de dressing:
2 eetlepels suiker
2 eetlepels water
1 eetlepel limoensap
1 eetlepel curaçao
2 eetlepels witte rum
slagroom
fijngehakte pijnboompitten

Spoel de papaja's af onder koud stromend water en dep ze droog met keukenpapier. Snijd de vruchten in de lengte door en haal met een lepeltje de zaadjes eruit. Snijd het vruchtvlees in reepjes zonder de schil te beschadigen.
Snijd de meloen doormidden, verwijder de pitjes en schep met een aardappelboor bolletjes uit het vruchtvlees.
Vermeng papaja, meloen, banaan en frambozen met elkaar in een kom. Zet de kom even weg op een koele plaats.
Breng voor de dressing water met suiker aan de kook. Voeg vervolgens limoensap, curaçao en rum toe. Verhit het mengsel niet verder. Schenk de dressing over de vruchten en laat alles ca. 1 uur op smaak komen.
Leg op vier bordjes een lege papajaschil, vul deze met papajasalade en garneer het geheel met wat stijfgeslagen slagroom en pijnboompitten.

Aardbeiensalade met peper-roomsaus

(4 porties)

500 g aardbeien, gewassen, kroontjes verwijderd en drooggedept
1 kiwi, in de lengte doorgesneden en vervolgens in plakjes gesneden
1 theelepel groene peperkorrels

voor de marinade:
1 dl zoete witte wijn
1 eetlepel suiker
1/2 eetlepel grof gemalen zwarte peper

voor de dressing:
1/8 l crème fraîche
zout en suiker

Breng voor de marinade de wijn met suiker en peper aan de kook. Laat het mengsel tot de helft inkoken. Giet de marinade in een kom en laat het vocht afkoelen.
Snijd de grote aardbeien doormidden of in vieren en laat de kleinere heel. Schep de aardbeien door de marinade en laat ze ca. 30 minuten marineren. Laat ze uitlekken in een vergiet en vang de marinade op in een kommetje.
Vermeng de crème fraîche met de marinade en breng het geheel op smaak met een mespuntje zout en één of meer theelepels suiker.
Schep de aardbeien in een bergje op een platte ronde schaal en leg de plakjes kiwi er in een krans omheen. Schep een paar lepels dressing over de aardbeien en bestrooi het gerecht met groene peperkorrels.

Kiwisalade

(4 porties)

4 kiwi's, geschild en in dunne plakjes gesneden
375 g aardbeien, gewassen, drooggedept en ontdaan van kroon-
tjes
2 perziken, ontveld, ontpit, gehalveerd en kleingesneden

voor de dressing:
3-4 eetlepels sinaasappelsap
1-2 eetlepels citroensap
2 eetlepels Grand Marnier
1-2 afgestreken eetlepels suiker

Doe de vruchten in een schaal.
Vermeng de ingrediënten voor de dressing in een pannetje
en verwarm ze al roerend tot de suiker is opgelost. Laat de
dressing iets afkoelen.
Schenk de lauwwarme dressing over de vruchten en schep
alles voorzichtig door elkaar. Laat de salade even staan.

Perensalade met gorgonzola

(4 porties)

4 rijpe peren, geschild, ontdaan van klokhuis en in kleine blokjes gesneden
2 rijpe avocado's, schoongemaakt en in kleine blokjes gesneden
200 g gorgonzola, in kleine blokjes gesneden
4 blaadjes sla
2 eetlepels gehakte walnoten
1 groene peper, schoongemaakt en in ringen gesneden

voor de dressing:
8 eetlepels olie
2 eetlepels citroensap
zout en peper

Schep de stukjes peer en avocado in een kom voorzichtig door elkaar. Voeg de blokjes gorgonzola toe.
Leg op de bodem van vier cocktailglazen een gewassen en uitgelekt blaadje sla. Schep de salade erop en bestrooi het geheel met walnoten. Verdeel de groene peper over de glazen.
Meng de ingrediënten voor de dressing goed door elkaar en verdeel de saus over de glazen. Laat de glazen met inhoud in de koelkast koud worden.

Appelsalade in kaassaus

(4 porties)

4 grote zachtzure appels
1 grote struik bleekselderie, in dunne stukjes gesneden
1 rijpe avocado, schoongemaakt en kleingesneden
4 eetlepels gehakte walnoten

voor de dressing:
4 eetlepels roquefort
250 g slagroom
1/2 eetlepel pittige mosterd
zout en peper

Snijd de gewassen, gehalveerde en van klokhuizen ont-
dane appels met schil en al in dunne reepjes.
Vermeng de reepjes appel met de bleekselderie, de kleingesneden avocado en de walnoten in een kom.
Verkruimel de roquefort boven de kom, voeg scheutje
voor scheutje de slagroom toe en breng de dressing op
smaak met mosterd, zout en peper.
Doe de appelsalade over in een slakom en schenk de
dressing erover.

Vruchtensalade met likeursaus

(4 porties)

2 bananen, gepeld en in plakjes gesneden
2 appels, geschild, ontdaan van klokhuis en kleingesneden
2 eetlepels citroensap
125 g wijndruiven, gewassen, ontpit en gehalveerd
2 sinaasappels, geschild en in stukjes gesneden
4 abrikozen, gewassen, ontpit en kleingesneden
50 g suiker

voor de dressing:
150 g crème fraîche
2-3 eetlepels sinaasappellikeur
30 g fijngehakte amandelen

Besprenkel de banaan en de appel direct na het snijden met citroensap. Doe alle vruchten met de suiker in een glazen schaal en schep ze voorzichtig door elkaar.
Vermeng de crème fraîche met de sinaasappellikeur en roer de amandelen erdoor. Schenk de dressing over de vruchtensalade.

REEDS VERSCHENEN

Paperback
ISBN 90 72540 37 9

Paperback
ISBN 90 72540 03 4

Paperback
ISBN 90 72540 15 8

Paperback
ISBN 90 72540 24 7